고객의 마음을 사로잡는

B2B 영업의 정석

나는 영업이 두렵지 않다

나는 영업이 두렵지 않다

고객의 마음을 사로잡는
B2B 영업의 정석

초판 1쇄 인쇄 ㅣ 2024년 7월 25일
초판 1쇄 발행 ㅣ 2024년 8월 05일

지은이 ㅣ 이창주
펴낸이 ㅣ 최화숙
편집인 ㅣ 유창언
펴낸곳 ㅣ **이코노믹북스**

등록번호 ㅣ 제1994-000059호
출판등록 ㅣ 1994. 06. 09

주소 ㅣ 서울시 마포구 성미산로2길 33(서교동), 202호
전화 ㅣ 02)335-7353~4
팩스 ㅣ 02)325-4305
이메일 ㅣ pub95@hanmail.net ㅣ pub95@naver.com

ⓒ 2024 이창주
ISBN 978-89-5775-326-2 03320
값 18,000원

고객의 마음을 사로잡는

B2B 영업의 정석

이창주 지음

나는 영업이 두렵지 않다

이코노믹북스

영업은 아무나 하나

고 천상병 시인은 시, 귀천(歸天)에서 "아름다운 이 세상 소풍 끝 내는 날, 가서 아름다웠더라고 말하리라…"고 했다.

우리가 이 아름다운 세상에 살아가면서 자신이 좋아하는 일을 즐겁게 하고 나다운 인생을 살면서 행복하면 되는 것이 아니겠는 가… 즐기는 사람은 눈빛부터가 다르다.

독일의 문호 괴테는 "인생을 행복하게 만드는 것은 마음에 드는 일을 하는 것이 아니라, 해야 할 일을 좋아하는 것이다"라고 했다.

또한 교육학자로 유명한 마리아 몬테소리는 "좋아하는 일을 열 심히 하는 것이 곧 휴식이다"라는 말을 남겼다.

나는 이 말에 전적으로 동감하고 있다. 우리가 어떤 일이든 목적 을 분명히 하고 열정을 쏟을 수 있다면 즐겁고 행복하지 않겠는가?

왜냐하면 그 순간만큼은 모든 것을 잊고 온전히 빠져들 수 있기 때문이다. 나는 나의 일에 몰입했을 때가 즐겁고 행복했다.

비즈니스 성과는 결국 마무리하는 영업사원의 몫이다. 때문에 비즈니스의 꽃이라는 영업직을 좋아하면서 어떻게 매일매일 즐겁게 일하며 행복하게 살 수 있을까?

쉰들러 박사는 "행복이란 즐거운 생각과 일을 하고 있는 마음의 상태"라고 했다.

이처럼 작은 이 책이 여러분들이 여러분의 일을 즐겁게 하면서 보람차고 행복한 하루하루가 되는데 조금이라도 도움이 되기를 바란다.

"승리는 항상 준비한 자에게 돌아간다. 우리는 그것을 '성공'이라 부른다"라고 극지 탐험가인 로알 아문센이 말한 것처럼, 산업재 담당 영업사원도 비즈니스에서 성공하기 위해서는 산업재(B2B & B2C)에 관련된 지식뿐만 아니라 다른 분야의 지식도 미리 습득해 놓아야 한다. 지식은 세일즈 성공의 핵심 요소이다. 즉, 상대(경쟁사 그리고 구매 조직)보다 많은 지식과 경험을 미리 갖춰야 경쟁에서 유리하지 않겠는가?

왜냐하면 평범한 영업사원은 고객에게도 버림받기 쉽다. 고객은 자기 사업을 이해해 주고 목표 달성을 도와줄 수 있는 전문가(Professional)를 원한다. 그러려면 여러분은 문제 해결력과 비판적 사고력을 갖추고 여러분이 획득한 모든 정보를 종합해 경쟁사보다 낳은 구체적인 대안을 고객에게 제시하여야 한다.

아는 만큼 보인다 했다. 목소리 좋고, 성격만 좋다고 아무나 영업을 할 수 있는 것이 아니다. 영업은 고객의 이슈를 파악하고 솔루션을 제공하여 고객을 만족하게 하는 행위이다. 그러기 위해서는 탁월한 영업기술과 전략을 갖추고 고객에게 신뢰와 가치를 제공하는 영업사원만이 성공할 수가 있다.

인생에 연습은 없다. 다만 준비는 할 수 있다. 여러분이 직장 생활을 하는 동안 여러분은 순간 순간 미래를 위해 투자(준비)를 하고 있는 것이다. 즉, 미래를 위해 일하고, 휴식하고 준비한다. 모든 시간들이 미래와 이어져 있기 때문이다.

이 책을 쓰기 시작한 이유는 성공적인 미래를 준비하고 있는 영업사원이 슬기로운 직장인으로서의 가장 필요한 덕목과 아울러 산업재 영업의 초보(아마추어) 단계에서 시작해 잘 교육되어 지혜와 실력으로 무장되고 품격 있는 태도(예절, 인성, 윤리의식)와 생각하는 힘으로 한 단계 아니 몇 단계 높은 품격의 전문적인 영업(고객 니즈 파악 후 가치 판매value selling 등)을 시행함으로써 자신의 일에 의미와 가치를 부여하여 '프로 의식'을 가진 역량 있는 전문가가 되어 자기 일에 만족하고 행복한 생활을 하기를 바라는 소박한 마음이다.

그리고 또 하나의 바람은, 대규모 회사는 세일즈에 관련된 지속적인 교육을 제공하고 경험 있는 선배들부터 조언이나 코칭을 받을 수 있지만 반면에 소규모 회사의 경우에는 그렇지 못한 실정이어서, 이 책이 그들에게 산업재 영업을 이해하고 자신을 꾸준히 계발하여 좋은 영업 성과를 내는데 작은 도움과 격려가 되었으면 하는 마음이다.

변화의 속도는 항상 우리보다 빠르다. 그래서 열심히 한다고 해서 과거와 같이 전부 다 성공으로 연결되는 것이 아니다.

디지털 기술혁명이 가져온 기존의 일하는 방식(새로운 비즈니스 모델)이나 소비 행태뿐 아니라 생활방식 전반에 걸친 혁명적 변화가 이루어진 현재의 4차 산업시대의 산업환경과 내가 겪은 지난날의 영업환경과는 많은 부분이 달라지고 있다. 점점 더 지적 스마트 워킹(Smart Working)이 더욱 중요해지고, 빠른 속도로 변화하고 있는 현재의 B2B, B2C 환경이지만 그럼에도 고객 그리고 고객의 니즈만은 여전히 존재하기에 그러한 고객의 욕구를 만족시키고 자사의 지속적인 성장을 위해서 영업사원의 역할은 현 4차 산업환경에서도 여전히 기업 성장의 중요한 핵심 성공요소(Key Success Factor)라고 확신한다.

왜냐하면 산업재 영업의 성패는 고객의 마음(감정은행)을 어떻게 잡느냐에 달려 있기 때문이다. 이 부분은 인공지능으로 대체할 수 없기 때문이다.

지난 40년간, 내가 종합상사에 입사해 상사맨으로서 사회에 첫

발을 내딛고 일하며 그리고 글로벌 기업인 듀폰에서 산업재 영업에 종사하면서 영업 현장에서 얻은 다양한 경험과 대학원에서 배우고 자기 계발을 위해 꾸준한 학습에서 습득한 지식과 국내외의 유능하고 훌륭한 상사 분들 뿐만 아니라 고객분들로부터 배운 점들, 그리고 내가 속한 사업부(SBU, Strategic Business Unit)의 A/P(Asia Pacific 16 Countries)시장을 관리하는 조직의 리더(A/P Regional Business Director)에서 얻은 경험, 깨달음 등을 소개하였다.

이 책이 자신의 꿈과 목표를 향해 도전하여 이제 막 영업을 시작하는 산업재 영업(B2B)사원(기술영업 포함)이 탁월한 실적을 만드는 실력 있고 인정받는, 아울러 여러분 회사의 새로운 성장 동력원인 회사 내의 우수한 인재로 성장하고 싶은 야망이 있는 미래 지도자(Future Leader)들과 그리고 부하 영업사원들에게 동기부여를 하고 지도하며 그들과 영업부 전체의 영업 생산성 향상을 위하여 영업 역량을 극대화시키고 잘 코칭해 주며 영업 목표 달성과 조직을 잘 관리해야 하는 영업부장들에게도 다소나마 힘과 용기를 안겨주는 좋은 길잡이가 되어 주었으면 하는 바람이다.

내 경험으로 보아 직속 상관인 영업부장의 리더십(행동과 역량)에 따라 영업사원의 성과가 크게 달라질 수 있기 때문이다. 그래서 직속상사는 꾸준히 영업사원을 개발해야 한다.

그러기 위하여 영업에 관련된 사내 교육(OJT)에 적극적으로 영업사원을 참여시키고 윤리 규정, 주인 정신, 고객 방문(Customer Call) 준비와 영업사원과 주기적인 고객 방문(Joint call)을 통하여 좋은 모범을 보이고, 고객 방문 후 거래처 방문 보고서(Customer Call Report) 작성과 고객 방문에서 발견한 부하 직원의 잘한 점, 개선할 점을 피드백해 주고 그리고 요청받은 사항에 대한 차후 진행 여부 관리 등이 제때에 이루어지고 있는가를 관리, 지도하여야 한다.

책의 구성은

PART 1, 슬기로운 직장생활에 필요한 덕목
　　　　　(윤리규정, 주인정신, 자기 계발, 내부고객과의 팀워크, 팔로워십)
PART 2, 산업재 영업의 실무자로서 필요한 산업재에 관련된
　　　　　기본 지식
PART 3, 영업 실무 기법과 고객과의 관계 형성, 경험 사례,
PART 4, 조직을 리드하는 매니저의 임무와 역할

로 나누었다.

여러분의 생각이 여러분의 미래를 결정짓는다. 즉, 생각의 힘이 강력하게 작용한다는 것이다. 여러분이 나는 평범한 사람이다라고 생각하면 여러분은 평생을 평범하게 살 것이고, 반대로 나는 성공할 것이라고 생각하면 그 사고(思考, 心想畵)가 여러분을 성공의 길로 이끌게 하기 때문이다.

꾸준히 학습(배움)하고 고객과 시장 중심적(Customer and Market

Orinted) 사고로 영업에 임한다면 여러분은 어느새 성공의 문턱에 다다르게 되는 날이 올 것이다. 여러분들이 배움에 부지런하고 배움을 지속하다 보면 몸에 각인된 실력으로 언제, 어디서든지 직장과 고객으로부터 사랑받는 인재가 될 수 있다.

아무쪼록 이 책이 '참새의 하루같이' 고단하고 힘든 영업맨들의 여정을 돕는 지팡이가 되었으면 싶다. 아울러 훌륭한 영업인재와 매니저로 성장하여 보람 있고 즐거운 생활을 하기 바라는 바이다.

그리고 이 책을 준비할 수 있게 나를 많은 면에서 성원해 주시고 성장시켜 주신 국내외의 사랑하는 고객분들께 지면을 통하여 깊이 감사드리며, 또한 영업의 경험이 전혀 없이 그저 의욕만 가지고 종합상사에 입사한 병아리 신입사원인 나를 잘 지도하고 성장시켜 준 부서의 선임 이부열 형님과 많은 경험과 훌륭한 리더십을 보여주신, 현재 LA에 거주하고 계신 류한건 사장님과 나의 경쟁력인 폴리머(Polymer) 관련 지식과 기술 부분을 가르쳐 주시고 많은 격려를 해주신 국제상사 선배이시고 대한민국 최고의 폴리머 기술 명장이신 ㈜화인의 이성율 사장님께도 깊은 감사의 말씀과 함께 회사의 무궁한 발전을 기원 드립니다.

1985년 전두환 정권으로 그리도 좋아하고 즐겁게 근무하던 종합상사인 국제상사의 해체 후 글로벌 탑 기업인 듀폰에서 나에게 많은 국제적인 지식과 감각으로 산업재 영업을 같이 뛰었던 매니저이

섰던 지금은 고인이 되신 이홍 님의 명복을 빌며, 그리고 듀폰 아시아사업본부장(DuPont Asia Pacific Regional Marketing Manager)의 임무를 맡겨 주시고 은퇴 후 미국에 거주하시다 고인이 되신 김동수 회장님의 명복을 빌며 영전에 이 책을 드립니다.

그리고 비즈니스 성장에 기여한 나의 우수했던 팀(변재희, 이동재, 김진익, 안상규, 권기영)에게 감사하며 마지막 보스였던 스티브 머섹 씨, 많은 유머와 경험으로 나를 성장시켜 주신 사업부 사장이셨고 현재 스위스에서 은퇴 생활을 즐기고 계신 루이지 로비아티 씨에게 역시 감사드립니다.

마지막으로 수많은 날의 해외 출장으로 많은 시간을 같이 보내지 못하고 단지 주말에만 같이 지내 주었으나 한 번도 속 썩이지 않고 잘 자라 3명 모두 아이비리그 대학에 입학해 졸업하고 각자의 일에 만족하며 잘 근무하고 있는 사랑하는 경진, 승태, 경은과 그들을 잘 보살펴주고 나의 일에 불평 한번 없이 성원해준 와이프에게 감사를 전합니다.

아울러 이 책이 출간되기까지 많은 격려와 도움을 주신 양원근 대표님과 출판사 이코노믹북스의 유창언 사장님과 편집진 여러분께 진심 어린 감사를 드립니다.

나는 왜 종합 상사를 선택하였는가?

ROTC 후보생으로 임관(1977) 후 내가 원했던 보병 장교로 국가와 국민을 위한 충성으로 만족한 군 생활을 하던 한여름 어느 날 밤에 부대의 정훈 장교님이 '열사의 한국인'이라는 홍보 영화를 전 부대원에게 보여주셨다.

영화 내용은 그 뜨겁고 그리고 거세게 휘몰아치는 모래폭풍 속에서도 오직 조국의 발전과 사랑하는 가족을 위하여 온몸이 땀으로 범벅이 되어도 참고 열심히 일하는 중동 건설현장의 근로자, 아프리카 오지에서 한국의 의류 및 일반 상품을 도시에서 멀리 떨어진 한 부족에게 판매하러 갔다가 예기치 않은 자동차의 고장으로 맹수(사자)들이 우글거리는 벌판 한가운데에 고립되어 오도 가도 못하고 에어컨도 작동 안 되는 지프차 안에서 고생하는 상사원의 불안감과

애절함과 지금처럼 휴대 전화기가 없던 시절이기에 해가 저물었어도 회사로 돌아오지 않는 동료를 찾아 불안한 마음을 애써 떨쳐 버려 가며 밤늦게 먼 길을 찾아 나서는 동료 상사원… 몇 시간 후에 달빛도 차가운 한밤중 맹수가 우글거리는 정글 한가운데에 고립된 동료의 차를 발견하여 서로 껴안고 엉엉 소리 내어 흐느껴 우는 두 사람….

이 장면을 보면서 무엇인가 뜨거운 것이 가슴에 강렬하게 올라오며 나도 모르게 눈시울이 적셔왔다. 이 글을 쓰면서 그때의 그 느낌이 아직도 생생하게 느껴지고 있다. 그리고 적막한 군 부대의 밤하늘에 총총한 별을 보며 다짐했다. 전역하게 되면 종합상사에 입사해 우리나라의 상품을 해외에 널리 소개, 판매하고 조국의 무궁한 발전과 번영에 보탬이 되는 사람이 되겠다고….

지난 40여 년의 세월이 이리도 빨리 흘렀다. 이제 그 길다면 긴 그 시간을 돌이켜 생각하면 내가 종사했던 산업재(B2B) 분야의 일에 어려움도 없지는 않았으나 많은 고객분들의 도움과 사랑 덕분에 즐겁고 보람 있고 행복했었다.

결국 장사는 이윤을 남기는 것이 아니라 사람을 남긴다는 말처럼 아직도 예전의 고객분들과 연락을 하면서 그때 그 시절을 반추하며 행복하게 지내고 있다. 여러분들도 하루하루 보람 있게 근무하다 보면 나와 같은 행복한 시간을 갖게 될 것이다.

이 책의 본론은 산업재 영업에 관련된 것이지만, 그전에 직장인으로서 반드시 가져야 할 자세, 마음가짐에 대해서도 이야기하고자 한다.

슬기로운 직장인으로서의 자세(덕목)에 대하여 나는 다 알고 있다고 간과하지 말고 잠깐이라도 여러분 자신을 반추하는 기회를 갖고 자기의 개선할 점을 찾아내어 지속적인 개선의 노력으로 여러분의 회사와 여러분 개인의 성장으로 이어지는 좋은 결과를 얻기를 바란다.

차 례

PART 2 산업재 마케팅

PART 3 성공적인 세일즈 상담 스킬

슬기로운 직장 생활에
필요한 덕목

논어 이인편에는 '덕불고 필유린(德不孤 必有隣)'이란 말이 있다.
이는 덕을 쌓는 사람은 결코 외롭지 않고 이웃이 있다는 뜻이다.
치열한 경쟁사회에서 살아가면서 때로는 이기적이고 계산적이 되기 쉽지만,
아래의 덕목들을 늘 마음에 간직하고 생활화한다면
여러분들은 타인으로부터 존중받으며 행복하고 즐거운 직장 생활을 할 수 있을 것으로 본다.

나를 빛나게 하는 스물네 가지 덕목

나눔	성실	약속	예절
인내	자율	정직	협동
경청	신뢰	열정	우정
절제	존중	책임	효도
감사	공감	근면	긍정
배려	소통	용기	창의

01

높은
윤리의식

도덕의 영역에서 옳고 그름에 대한 기준은
절대적으로 지켜야 할 것이다!

슬기롭고 성공한 직장 생활에 필요한 요소들은 여러 가지가 있지만, 그중에서 높은 윤리의식이 그 어느 것보다도 제일 중요하다. 그래서 윤리의식을 책의 첫머리에 놓았다.

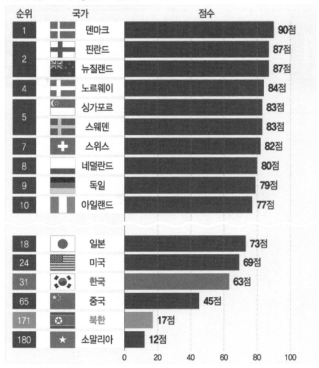

2022년 국가 청렴도 순위 *180개국 대상

순위	국가	점수
1	덴마크	90점
2	핀란드	87점
2	뉴질랜드	87점
4	노르웨이	84점
5	싱가포르	83점
5	스웨덴	83점
7	스위스	82점
8	네덜란드	80점
9	독일	79점
10	아일랜드	77점
18	일본	73점
24	미국	69점
31	한국	63점
65	중국	45점
171	북한	17점
180	소말리아	12점

*자료: 국제투명성기구(TI)

위의 도표는 2022년도 전 세계 국가 청렴도 순위이다. 물론 이 순위는 국가 공무원들을 대상으로 하고 있지만, 기업의 청렴도가 낮으면 그 기업은 도태되고 만다. 대한민국이 전 세계 10위 국가가 되었다고는 하지만 윤리적인 측면에서는 2022년 현재 세계 31위이다. 아시아의 같은 잠룡으로 인식되었던 싱가폴은 5위에 랭크되어 있다.

이와 마찬가지로 직장인의 매일매일의 높은 윤리의식은 기업뿐만 아니라 여러분 자신의 성장에도 커다란 영향을 미칠 수 있다. 그래서 나 하나의 일탈쯤이야 하는 안이한 생각을 버리고 높은 윤리의식(Highly Ethical Attitude)을 지녀야 한다.

기업뿐만 아니라 개인의 지속적인 성장을 위해서는 더 투명하고 더 정직해야 하며 사회와 고객과 협력하고 상호 소통을 하면서 인정을 받아 평판이 향상됨과 동시에 이로 인해 고객들에게도 호감을 주게 되고 아울러 기업의 인지도가 높아져 우수한 인재도 끌어들일 수 있다. 그래서 기업과 구성원들의 윤리적인 행동은 고객에 대한 신뢰를 증진시키고 장기적인 비즈니스 성과에 막대한 기여를 한다.

조직의 지속적인 성장을 위해서는 높은 윤리의식을 항상 유지하여야 한다. 위반할 경우에 본인은 물론 회사에 미치는 영향은 상당히 치명적일 수 있다.

직원의 기본자세

1) 직원은 긍지와 자부심을 가지고 직무를 수행함에 있어서 제반 법규를 준수하고 양심에 어긋나지 않도록 행동해야 한다.
2) 직원으로서 개인의 품위와 회사의 명예를 유지 · 발전시킬 수 있도록 노력한다.
3) 직원은 끊임없는 자기 계발을 통해 회사가 추구하는 인재상에 부합되도록 꾸준히 노력한다.
4) 직원들은 다양성과 포용성을 존중하며 동료들과 존중적으로 상

호 작용하는 것이 중요하다.

직장 내 윤리의식은 조직 구성원들이 윤리적인 행동과 원칙을 존중하고 준수하는 데에 관한 태도와 가치를 의미한다. 이는 조직 문화와 업무 환경을 조성하며 아래와 같은 측면에서 중요하다.

- 이해충돌 회피 : 직무를 수행함에 있어 회사와 개인 또는 부서 간의 이해가 상충되는 행위나 이해관계를 회피하도록 노력하며, 이해가 상충될 경우에는 회사의 이익을 우선적으로 고려한다.
- 법규 준수 : 법적 규정을 준수하고 이를 넘어 윤리적인 행동을 유지함으로써 기업이 사회적으로 책임을 다한다.
- 부당이득 수수 금지 : 직무와 관련하여 사회통념상 용인되는 범위를 넘어 공정성을 저해할 수 있는 금품·향응 등을 거래처에게 제공하거나 타인으로부터 제공받지 않는다.
- 공·사 구분 : 직무를 수행함에 있어서 공·사를 명확히 구분한다. 회사의 재산(법인 카드)을 사적으로 사용하거나 목적 외의 용도로 사용하지 않는다.

조직(회사)에서 시행하는 윤리 교육에 필수적으로 참여하여 높은 윤리의식을 유지할 수 있도록 하여야 한다.

내가 근무하던 직장의 윤리 규정 사례

매년 정기적으로 윤리의식 점검(1회/1년)을 전 세계의 임직원에게 실시하고, 또한 분기적으로 윤리에 대한 전반적인 교육도 실시하며, 윤리 규정 위반 사례는 즉시 전 세계의 직원에게 공지하는 등 철저히 윤리 규정 위반 시에는 지위고하를 막론하고 엄격히 처벌 규정에 따른 조치를 내렸다.

윤리 규정은 단 한 치의 예외가 없이 공정하게 집행되는 끔찍할 정도의 엄격한 규정이었다.

- 회사 돈 단 1원이라도 잘못 사용하고 경비 처리하더라도 퇴사 처리
- 고객 부부 접대 시에 영업사원의 부인도 같이 참석할 경우, 영업 사원의 부인의 식대는 개인 신용카드로 결재
- 고객 접대 시, 식대 계산은 동석한 상급자가 반드시 결재해야 한다(일반적으로 고객과의 자연스러운 분위기를 위해 하급자가 결재).

회사가 그렇게 엄격하게 윤리 규정을 강조하고 머릿속에 깊이 박힐 정도로 지속적으로 반복 교육하며 강조하는 이유는 첫째 많은 시간, 경비, 노력을 들여 육성한 우수한 인재들을 단 한 번의 윤리 규정 위반으로부터 보호하고 둘째 한 사람의 위반(영업 실적을 올리기 위해 해당 국가의 법 위반 등)으로 자칫 회사 전체가 위기에 빠질 수 있

는 위험을 사전에 방지하기 위해서이다.

1990년대 초(전두환 정권 시), 우리 회사의 대규모 신규 프로젝트 (환경오염을 줄이는 유엔 환경위원회가 인증한 최신 공법을 활용한 공장 건설)을 추진하기 위해 정부에 투자 허가를 신청했다. 생산 제품은 한국뿐 아니라 세계의 공장이 들어서고 있는 중국시장을 겨냥한 대규모 투자로 새로운 일자리 창출뿐 아니라 한국의 국가 경쟁력 향상에도 커다란 영향을 줄 수 있었던 프로젝트이었다.

그 당시, 한국에도 국내 업체인 경쟁사(K사)가 있었으나 K사의 제조 공법은 우리 회사의 공법에 비해 상당히 많은 오염물질을 배출하는 오래된 생산 방식이었다.

K사는 정치력을 이용하여 우리 회사의 투자를 막으려고 했다. 공장 투자 지역의 환경 단체, 교회 목사들의 반발 시위 행동 등 온갖 투자 저지를 다 하였다. 마침내는 정부의 요청은 공장 허가를 내줄 테니 정치 자금을 헌금하라는 것이었다. 그 당시 요구받은 정치 헌금 금액은 향후의 생산 및 판매 예측에 의하면 감당할 수 있는 금액이었지만, 그 요구는 우리 회사의 윤리 규정에 위반하는 사항이라서 정치 헌금을 수용할 수가 없었다. 대신에 거의 5년간에 걸쳐 반대하는 환경 단체와 목사와 그의 추종 세력인 신도들을 초청해 미국 및 다른 국가의 동일 생산 설비를 보여주며 설득하는 노력을 하였다.

설득을 위해 외국의 생산 설비와 환경 영향을 보여주기 위한 5년간 사용한 비용의 총 금액이 요구한 정치 헌금보다 많았다. 그러나 회사는 정치 헌금이라는 부당한 요구는 끝내 거절하였다.

결국 그 좋은 프로젝트는 5년간 지연됨으로써 더 이상 연기할 수 없어 대만 정부의 호의적인 유치 조건을 받아들여 한국 투자를 철회하고 대만에 투자하였다. 그 당시 우리 회사의 한국 직원들의 커다란 실망감은 이루 말할 수 없었고 또한 한국으로서는 외자 유치를 놓친 커다란 손실이 아닐 수 없었다.

이처럼 정치 헌금의 유혹을 단호히 뿌리치고 투자를 철회할 정도로 윤리 규정을 준수한 것이 회사의 경영 원칙임에 다시 한번 감탄하였다.

02
주인 정신
(내 인생의 CEO가 되라!)

자신의 삶을 주도하라.
그리고 자신의 일에 매일매일 의미(가치)를 부여하라!

'주인의식을 가져라'라는 말은 회사의 주인이 되라는 게 아니라 자신이 맡고 있는 일의 주인이 되라는 뜻이다. 아무리 하잘것없는 일이라도 내가 맡아 하고 있다면 그것이 바로 나의 일이다. 그저 회사 일을 해주는 것이 아니라 내가 내 일을 하는 것이다. 그래야 자신이 맡은 일을 열심히 고민하고 해결책을 찾으려 애를 쓰게 되고, 진정한 성공을 맛볼 수 있다.

우선 일에 대한 정의(일에 대한 프레임)를 바꿔야 한다. 프레임은 사물이나 사안을 바라보는 틀로서 같은 사물, 같은 사안이라도 바라보는 관점이 달라지면 다른 게 보이고 다르게 인식하게 된다.

즉, 나는 오늘도 회사 일을 했다가 아니라, 나는 오늘도 내가 원하는 일을 내가 원하는 방식으로 했다라고… 그래야 일 자체가 아니라 그것을 바라보는 관점과 일에 대한 가치도 바뀌게 된다.

나는 내 삶의 주인공

· 인생의 진정한 실패자는 노력과 희망을 포기한 사람이다.
· 어떤 일에 끈질기게 매달리는 사람이 반드시 그 일을 이루게 마련이다.
· 끈기와 열정을 다한 사람만이 목표를 달성할 수 있기 때문이다.

직장인으로서 즐겁게 일하면서 성공을 이루기 위한 자세로는

· 목표 설정과 계획 : 개인적이고 직업적인 목표를 설정하고 그에 따른 계획을 세우며 일의 방향성을 유지한다.
· 책임감 : 맡은 일에 대한 책임을 갖고 신뢰를 구축해야 한다.
· 팀워크 : 협력과 공동 작업을 통해 팀의 목표를 달성하기 위해 다양한 역할을 수행하여야 한다.
· 커뮤니케이션 스킬 : 명확하고 효과적인 의사 전달 능력을 키우고 동료들과의 소통을 원활하게 한다.
· 전문성 강화 : 자신의 분야에서 전문성을 쌓고 지속적인 학습으

로 업데이트하며 새로운 기술과 동향을 파악해야 한다.

- 유연성 : 변화에 빠르게 적응하고 새로운 환경에서도 유연하게 대처해야 한다.

이러한 자세는 직장에서 성공적으로 성장하고 발전하기 위한 기반을 제공할 수 있다.

기업의 성패를 좌우하는 것은 기업 스스로인가? 조직 구성원일까? 결국 성공적으로 조직이 운영되는 회사는 기업과 구성원이 함께 주인의식을 갖고 책임감 있게 몰입을 했기 때문이다. 누구나 할 것 없이 자신이 속한 회사에 대한 주인의식이 기업의 성패를 좌우한다. 주인의식은 자신이 처한 자리를 깨닫고 자리가 갖는 힘에 몰입을 하는 상태다. 리더는 리더대로, 직원들은 각각 자기 자리의 주인이 되어야 한다.

미국 월마트의 본사 로비에는 매일매일 월마트의 주가가 표시되는데, 그 아래에는 "Tomorrow Depends on You."(내일 우리 회사의 주가는 여러분 손에 달려 있습니다.")라는 문구가 적혀 있다 한다. 결국 회사의 주인은 조직 구성원이라는 것이다. 우리 회사 주식의 주가는 우리가 하는 일에 대한 결과이다.

따라서 우리가 어떻게 하느냐에 따라서 주가는 달라지게 될 것이다라는 점을 시사하고 있다. 회사는 돈을 벌어 먹고 사는 곳만이 아닌 내가 생존하는 터전이고 내가 열심히 일을 해야 하는 일에 대한 의미를 주는 곳이기도 하다.

여러 가지 프로그램과 활동으로 직원들의 주인의식을 높이는 노력을 하고 있지만 결국 주인의식을 실제 발휘하는 사람들은 여러분 직원 개개인이다. 그들 스스로가 어떻게 하느냐에 따라 회사의 명운이 달라진다고 해도 과언이 아니다.

어느 교회 건축현장에서 세 벽돌공이 땀을 뻘뻘 흘리며 벽돌을 쌓고 있었습니다.

그때에 지나가던 행인이 "당신이 지금 무엇을 하고 있습니까?"라고 물었습니다.

첫 번째 벽돌공은 "보시다시피 벽돌을 쌓고 있지요"라고 대답했습니다.

두 번째 사람은, "하루치 돈벌이를 하고 있답니다. 처자식을 먹여 살려야 하니까요"라고 대답했습니다.

세번째 사람은 '저는 지금 대성전을 짓고 있습니다. 이 성전이 완공되면 이 성전을 통해서 많은 사람들이 희망과 용기를 얻고 하나님을 찬양하겠지요. 아마도 길이길이 정신적 영적 영향을 미칠 위대한 전당이 될 것입니다.'라고 대답했습니다.

마지못해 일하는 사람과 즐거움으로 일하는 사람은 그 일에 대한 결과도 다르지만 그들 인생의 결과도 크게 다르다. 인생에 대한 목적의식이 삶과 일에 대한 태도를 바꾼 것이다.

마지못해 일하는 사람과 즐거움으로 일하는 사람은 그 일에 대한 결과도 다르지만 그들 인생의 결과도 다르다. 일에 대한 주인 정신이 삶과 인생에 대한 태도도 바꾼 것이다.

이렇게 자기가 하는 일에 대한 개념을 정리하고 나면 세상은 달라진다.

누가 보건 말건, 상사가 무슨 말을 하든, 상관없이 묵묵하게 맡은 일을 수행하는 사람들에게 마음이 끌리게 되어 있다.

전 세계적 베스트셀러가 된 앨버트 허버드의 〈가르시아 장군에게 보내는 편지〉.

이 책에 나오는 주인공 '로완 중위'를 세상의 모든 기업, 공장, 상점에서 지금도 그런 사람을 찾고 있다. 쿠바 전쟁을 회상할 때마다 내 기억 속에는 마치 근일점에 다다른 화성처럼 선명하게 떠오르는 한 인물이 있다.

당시 미국은 쿠바를 둘러싸고 스페인과 전쟁을 벌이고 있었고, 어떻게 해서든 빠른 시간 내에 반군의 지도자와 연락을 취해야 하는 상황이었다. 그 반군 지도자의 이름은 가르시아였다. 하지만 그가 쿠바 깊은 밀림 속 요새에 머무른다는 사실만을 알고 있었을 뿐, 정확한 거처를 알고 있는 사람은 아무도 없었다. 편지나 전보로 연락을 할 수 있는 상황도 아니었다.

하지만 대통령은 가르시아 장군의 협력이 꼭 필요했다. 그것도 아주 급하게… 도대체 어떻게 해야 한단 말인가! 바로 그때 누군가 말했다.

"각하, 가르시아 장군에게 편지를 전할 수 있는 사람은 로완 중위뿐입니다."

이 책의 핵심은 로완 중위처럼 혼자서 도전할 줄 아는 패기로 신뢰를 목숨처럼 여기고, 자신의 생각을 곧바로 행동으로 옮기며, 무섭게 집중하여 가르시아 장군에게 전할 편지를 들고 적진으로 향할 줄 아는 주인 정신을 가진 인물이 되는 것이다.

즉, '내 일은 반드시 내가 해낸다.' 부탁한 사람의 기대와 신뢰를 절대 깨뜨리지 않는다. '할 수 있는 사람'이 어디에서나 소중한 존재로 인정받고 환영을 받을 수밖에 없다. 이런 투철한 주인 정신으로 매사 업무에 임해야 회사와 개인의 발전을 이룰 수 있다.

내가 신입사원 시 겪었던 일이 아직도 생생하다. 기존의 관행이 원칙과 회사의 규정에 벗어나 있을 때, 과연 무너진 관행을 따라야 하겠는가? 아니다, 이 일이 내 사업이라면 그대로 따라야 하는가? 라는 질문을 안 던질 수가 없었다. 바로 잡아야 했다.

내가 기존 관행을 바꾸어야 한다.

오늘 나는 슬펐다. (대리점 J 상사 수금건)

입사 후 1년이 지난 11월 초, 그날은 정오 무렵에 찬바람이 불어 거리에 가을 낙엽이 을씨년스럽게 뒹굴더니 오후부터는 "가을비 찬바람에…"란 유행가 가사처럼 가을비가 추적추적 내리기 시작했다.

그날은 도매상 J상사에 외상 미수금을 받으러 남대문 도매상 지역(현 서울상공회의소 근처 골목)으로 외근을 나갔다. 항상 제때에 외상 미수금을 주지 않는 나쁜 습관을 가진 J상사의 이 사장이 마음에 걸렸다.

도매상 문을 열며 인사하고 들어가니 늘 그랬듯이 주변 도매상 사장들과 고스톱을 치고 있었다. 판이 도는 분위기를 깨지 않으려 기다렸다가 한 판이 끝나자 정중하게 수금하러 왔다고 얘기했더니 기다리란다.

1층의 비좁은 가게 안에 경리가 앉아 있는 책상 하나와 소파, 그 소파에 4명의 도매상 사장들이 앉아 고스톱을 치고 있으니 내가 앉아 기다릴 공간도 없었다. J상사 이 사장이 계속 돈을 잃고 있었다.

과연 오늘도 일진이 나쁠 것만 같았다. 왜냐하면 이러한 분위기에서 이 사장이 기분 좋게 어음장을 끊어 줄 것인가 염려가 되었다. 고스톱을 치면서 연거푸 빨아대는 담배 연기가 점점 자욱해져 마치 너구리 잡으려 연기가 꽉 찬 소굴 같은 좁은 사무실에서 이미 한 시간을 서서 기다리자니 머리가 아프기 시작했다.

마침 이 사장이 고(Go)한 뒤 그 판에서 이겨 돈을 땄길래 수금 요청을 했더니 돈 들어오는 기운 짜르지 말라고 짜증내며 또 기다리라 한다. 그래서 밖에서 기다릴 테니 이번 판 끝나면 주십시요 하고 밖으로 나와 내 어깨 넓이 정도의 가게의 좁은 처마 밑에서 비를 맞고 기다렸다.

그 판이 끝났길래 들어가 어음을 요청했더니 쳐다보지도 않고 또 기다리란다. 이미 1시간 반 이상이 흘렀고 입은 양복도 차가운 가을비에 많이 젖어 지나가는 사람들이 이 비를 맞고 추녀 밑에 서 있는 나를 처량하게 보는 것 같았다. 몸에 냉기가 돌기 시작하며 내 자신이 정말 처량해지고 화가 나기 시작하였다.

좋다 한 판만 더 기다려 주자 그리고 다시 정중하게 요청하자 마음먹고 찬바람이 소리 내며 스산하게 지나가는 처마 밑에서 기다렸다. 내 가슴에도 서글픈 비가 내리기 시작했다.

거의 3시간을 기다린 것 같다. 머릿속에는 내가 이런 대접을 받으려고 종합상사에 입사한 것이 아닌데…. 그러나 말단 사원부터 거쳐야 할 길이라면 달게 배우자고 긍정적으로 생각하고 오늘은 기필코 수금을 하겠다고 각오를 되새기고 기다렸다.

가을날의 해가 짧아서 거리에는 차가운 수은등이 하나 둘 켜지기 시작했다. 어두워져 고스톱 판이 끝났는지 다들 일어나길래 들어가 수금을 요청했다. 그랬더니 이 사장이 "아니 안 가고 비 맞고 뭐 했나" 했다. 어이가 없었다. 기다리는 것 뻔히 알았으면서…

그리고 더 어이가 없는 말은 "오늘은 어음장(수표책)이 다 떨어졌으니 다음에 다시 오게" 했다. 머리에 피가 거꾸로 돌았다. 아니 비를 맞고 거의 3시간을 기다렸는데 어음장이 없다니요? 이러실 수가 있으십니까? 차라리 기다리라고 하지 마시지요? 하고 반문을 했더니 이 사장이 "뭐 이런 신입사원이 말이 많아, 가라면 가지"라고 짜증스럽게 얘기했다. 좋습니다, 오늘은 그냥 가지만 내일부터는 외상 출고, 전화 출고는 없을 겁니다. 물품대 지불하고 출고증받아 창고에 가서 물품 가져 가십시요 하고 사무실로 들어왔다.

회사로 돌아오면서 우울하거나 흥분하는 것이 아닌, 좋다 오늘 일이 현재의 나쁜 관행을 원칙대로 다 돌려 놀 수 있는 좋은 기회이다. 도매상에 원칙을 다시 알려주마 하고 다짐을 하며 사무실로 돌아오자 생쥐처럼 젖어 머리카락은 푹 가라앉고 을씨년스러운 내 모습에 고참들은 웃으며 어디 갔다 왔는가 하고 물어도 대답 대신에 우리 과(課)의 출고 담당 여직원 미스 김에게 "내일 부로 부서 내 어느 누가 얘기(명령)해도 절대로 J상사에는 전화, 외상 출고는 금지한다"고 폭탄 선언하자 과장(課長)이 무슨 일이 있어 하길래 겪은 상황을 설명해 주었다. 염려가 되는지 아무 말이 없었다.

다음 날 오전 9시 30분 J상사 경리 여직원이 미스 김에게 예전처럼 전화 출고 요청이 왔다. 오늘부터 전화 출고가 안 된다고 하자 이 사장이 전화를 바꾸어 "누가 그런 지시를 내렸냐"고 미스 김에게 고함을 지르는 소리가 전화기를 통해 들렸다.

바로 내가 받아 "제가 그랬습니다. 그 동안 관행상 전화 외상 출고가 이루어졌지만 오늘부터는 회사 규정대로 사장님 직원이 우리 회사에 와 밀린 외상 미수금 가져오고 출고증받아 창고로 가십시요."라고 정중히 얘기하고 전화를 끊었다. 그랬더니 바로 내 상급자와 부서장에게 출고 지시 내리라고 전화로 압력을 넣었다.

나는 이번 기회에 나쁜 관행(버릇)을 고치지 않으면 안 된다고 강력히 맞섰다. 위에서는 실적을 염려했다. 그러나 나는 "내가 직접 실수요자 고객을 방문해 직거래를 하겠다"고 얘기하고 실행에 옮겼다. 결국 그날 아쉬운 J상사 이 사장은 경리 여직원에게 미수금을 보내왔고 물품 출고증을 받아갔다.

초임 소대장이 부대의 군기를 새로 세워야 하는 것처럼 좋은 것이 좋다는 식의 원칙에 어긋난 과거의 관행은 힘이 들고 저항이 있더라도 반드시 개선되어야 한다. 그날 이후에 우리 과(課)는 다른 과(課)와 달리 내 고집과 의지로 실행한 새로운 원칙으로 재고 관리, 외상 미수금 수금 행태, 여직원의 업무량 감소 등 많은 개선이 이루어졌다.

이 글을 쓰면서 비를 맞으며 오기로 기다렸던(Never Give Up), 오직 열정밖에 없었던 신입 종합상사 맨의 그날의 내 젊었던 모습을 떠올려 본다.

"직장인으로서 성실하게, 열정으로 후회 없이 열심히 일했다고…"

03 친절하라

유태인 속담 중에 "똑똑하기보다는 친절한 편이 낫다"라는 말이 있다.

직장 생활뿐 아니라, 모든 면에서 친절은 여러분을 행복과 성공으로 데려가는 승차권(Ticket)이다. 친절하지 않은 사람은 어느 곳에서나 대접받지 못하고 적응하지 못하여 결국 인생의 낙오자가 되는 사례를 많이 보았다. 친절은 슬기로운 직장 생활에서 중요한 덕목의 하나이기에 강조하고 있는 것이다.

친절이란?

남에게 바라지 않고 호감과 기쁨을 주고 고마움을 느끼게 하기 위

한 정성 어린 마음가짐과 몸가짐으로서, 친절은 다른 사람에게 따뜻하고 배려 깊게 대하는 것을 의미한다.

즉, 상대방의 필요를 이해하고 존중하며, 친절함으로써 긍정적인 영향을 미치는 아주 중요한 행동이다.

미국 뉴욕의 월도프 아스토리아호텔의 사장이었던 조지 볼트의 사례는 친절함이 주는 좋은 예이다.

비바람이 몰아치는 늦은 밤, 미국의 어느 지방 호텔에 노부부가 들어와 "예약을 못했는데 혹시 방이 있는지요?" 하고 물었다. 호텔 직원은 자기네 호텔에 방이 없었기 때문에 다른 호텔에도 연락을 해보았지만, 근처의 어느 호텔에도 방이 없었다.

그 직원은 "객실은 없습니다만, 이처럼 비도 많이 오고 새벽 한 시나 되는 시간이니 차마 나가시라고 할 수가 없군요. 괜찮으시다면 누추하지만 제 방에서 주무시면 어떨지요?"라며 기꺼이 자신의 방을 제공해 드렸다. 다음 날 아침, 신사가 말했다.

"당신은 미국에서 제일 좋은 호텔의 사장이 되어야 할 분인 것 같군요."

그 직원은 정중한 인사와 함께 그냥 웃을 뿐이었다.

그런데 2년이 지난 후, 그때의 노 신사가 그 호텔 직원에게 뉴욕행 왕복 비행기표와 함께 자기를 방문해 달라는 편지를 보내 왔다. 그가 뉴욕에 도착하자 그 노신사는 뉴욕 중심가에 대리석으로 만든 궁전 같은 호텔을 가리키며 말했다.

"이 호텔은 당신이 경영하도록 내가 지은 것이지요."

그래서 조지 볼트는 미국 최고급 호텔 월도프 아스토리아호텔의 사장이 되었다. 고객을 더 유치할 수 있을지 고민에 빠져 있으면서 "예약을 하셨어야죠!" 하며 노인네 따위는 귀찮아했다면 그에겐 없을 커다란 행운이었다.

이처럼 친절은 본인만이 아니라 세상을 아름답고 따뜻하게 하는 한겨울의 화로와도 같은 것이다.

친절한 행동은 아래와 같은 긍정적인 영향을 준다.
1) 좋은 관계 형성 : 친절함은 직장 내 다른 사람과 그리고 고객과의 관계를 강화하고 좋은 인상을 심어 준다.
2) 신뢰 구축 : 친절한 행동은 신뢰를 쌓아가게 하는 윤활유이며, 결국에는 타인에게 믿음을 주는 강한 접착제 역할을 한다.
3) 긍정적인 분위기 조성 : 친절한 태도는 주변의 분위기를 밝고

긍정적으로 만들어 준다.

4) 자아 존중감 향상 : 친절함은 자신의 성격에 대한 긍정적인 감정을 유발하며, 자아 존중감을 향상시킬 수 있다.

5) 사회적 영향력 강화 : 친절하게 행동하는 사람은 주변에서 높은 사회적 영향력을 가질 가능성이 높다.

04 개인 경쟁력

　개인 경쟁력은 개인이 자신의 능력, 기술, 지식, 경험 등을 효과적으로 활용하여 비즈니스 환경에서 높은 성과를 이루거나 경쟁에서 우위에 서는 능력을 말한다. 이는 현재의 업무에서 더 나은 성과를 내기 위해 중요한 개념이다. 나는 개인 경쟁력은 성공을 이루는 데 필요한 핵심역량(Core Competency)이라고도 표현하고 싶다.

　핵심역량이란, 기업이 보유하고 있는 내부역량으로 경쟁사와 차별화될 뿐만 아니라 사업 성공의 핵심으로 작용하는 경쟁우위의 원천이다. 이 핵심역량은 사용한다고 해서 없어지지 않으며, 지속적인 학습과 공유를 통해 더욱 향상될 수 있다. 마찬가지로 개인이 축적한 핵심역량 역시 경쟁사의 영업사원과의 대결에 확실한 차별화 요소로 작용할 수 있다.

여러분들이 경쟁사의 영업사원보다 높은 개인 경쟁력을 보유했을 경우에 고객이 여러분에게 느끼는 신뢰와 만족도는 당연히 높을 것이며 아울러 고객들과의 장기적인 관계를 유지하는데 커다란 도움이 될 것으로 본다.

경쟁력을 키우기 위해서는
1) 자기 계발 : 지속적으로 자기 계발을 하고 새로운 지식과 기술을 습득하는 것이 중요하다.
2) 전문성 강화 : 자신의 분야에서 전문성을 갖추어 특화된 기술과 지식을 쌓아야 한다.
3) 커뮤니케이션 스킬 : 효과적인 의사 소통 능력을 키워 팀 내 혹은 고객과 원활하게 소통해야 한다.
4) 프로젝트 경험 : 다양한 프로젝트에 참여하여 경험을 쌓고 실무 능력을 향상시켜라.
5) 네트워킹 : 산업 내 네트워크를 확장하고 전문관계를 구축하여 기회를 창출하라.
6) 문제 해결 능력 : 복잡한 문제에 대한 해결 능력을 키워 실무에서의 도전에 대응한다.

이러한 요소들이 조합되어 여러분 개인의 경쟁력이 향상되게 된다. 개인의 경쟁력은 곧 여러분의 목적 달성에 크게 기여함과 동시에 성공으로 가는 가장 강력한 성장 동력(growth engine)과 무기가 될 것이다.

그래서 여러분들은 자기 자신의 모습을 항상 경쟁기업의 영업사원과 비교하고, 고객의 눈을 통해 바라보는 상대적 시각을 가지고 지속적으로 개인 경쟁력을 발전시키고 유지하도록 끊임없이 자기계발을 하여야 한다.

05 개인 비전사명서를 작성하라

비전(Vision)은 인간이 삶을 유지하는 강력한 추동력이다.

미래에 내가 어떤 모습으로 일하고 있을지를 질문하고 대답하고 또 생각해 보는 것이 필요하고 중요하다.

개인 비전사명서

* 기적의 비전선언서 - 로지 베스 존스

 • 인생의 항로를 발견, 항해를 개시하고, 그것을 평가, 수정하고 다시 항해를 하는데 필요한 불변의 기본 틀이다.

* 목표 = 꿈의 목록

 • 목표를 글로 작성하는 것은 카메라 렌즈의 촛점을 맞추는 것

  * 인생의 구체적인 목표를 글로 쓰세요.

개인 비전사명서는 목표를 확립하고 행동하는 가장 좋은 방법으로써, 개인의 노력과 에너지를 통합해 주고 자신이 하는 모든 행위에 의미와 목적을 부여해 준다. 우리는 목표 자체를 매일매일의 행동으로 실천함으로써 주도적으로 삶에 책임을 질 수 있게 된다.

즉, 자기사명서는 개인이 달성하고자 하는 목표와 가치를 명확하게 표현한 것으로 이는 자아 정체성과 목표를 심층적으로 이해하고 나아가기를 원하는 방향을 제시해 준다.

개인사명서를 작성할 때는 자신의 가치관, 열정, 목표 등을 간결하게 담아내어 자신에게 도전과 지침을 제공할 수 있도록 하는 것이 중요하다.

"올바른 원칙에 기초를 둔 자기사명서는 헌법이 국가에 대해 갖는 기능과 같은 역할을 개인에 대해 한다."

그래서 우리가 자신의 생활에 큰 영향을 미치는 어려운 상황이나 혼란스러운 감정 속에서 중요한 결정을 할 때나 또는 순간순간 일어나는 일들을 판단할 때 하나의 기준체계를 제공해 준다. 즉, 확고한 자기사명서가 있다면 여러분은 어떤 변화도 헤쳐나갈 수가 있게 된다.

여러분이 이 같은 사명을 가지게 되면, 주도적인 행동의 본질을 갖게 되고 삶의 방향을 제시해 주는 비전과 가치관(Personal Value)도 생긴다. 나아가 여러분 개인의 장·단기적인 목표를 세워줄 기본방침을 가지게 되는 셈이다.

이 개인사명서는 시간의 흐름에 따른 여러분 주변의 변화에 따라서 정기적으로 이것을 다시 살펴보고 추가된 생각이나 변화된 상황에 따라 약간의 수정을 해야 할 것이다.

본 저자가 과거에 작성했던 개인사명서를 예시한다.

이창주 비전사명서

나는 세계 최고의 영업전문가로서, 항상 학습(새로운 지식을 습득)하면서 열정적으로 고객과 회사를 위해 일한다.

· 모든 고객을 미소로 대하고, 고객의 소리를 세심히 경청하여 니즈(Needs)를 파악하여 고객의 만족을 극대화시킨다.
· 고객, 그리고 조직에 열정과 성공을 전하며 사랑과 행복을 심는다.
· 항상 기뻐하며 작은 일에도 감사한다.
· 한국인의 정신(열정, 근면)을 전 세계 고객과 외국인에게 보여준다.

06 긍정적 생각과 습관을 갖도록 하라

인생은 긍정적으로 바라보는 사람에게 문을 열어 준다.

- 같은 일도 보면서 생각하기에 따라, 불행해질 수도 있고 행복해
질 수도 있다.

- 같은 일도 하면서 생각하기에 따라, 즐거울 수도 있고 괴로울 수도 있다.
- 공부도, 심부름도, 청소도 즐겁게 하느냐 짜증 내며 하느냐에 따라 다르다.

한 예로, 1960년대 초 미국과 소련 간의 치열한 냉전 하에서 미국은 우주 개발 분야에서 소련에 뒤지고 있었다. 우주 개발의 중요성이 더욱 부각되면서 미국의 케네디 대통령이 국가의 향후 비전 중에서 "10년 이내에 인류를 달에 보내겠다"고 하였다.

이 원대한 비전이 발표된 이후에 미 항공우주국(NASA) 연구원들은 국가 비전의 달성을 위하여 하루하루 눈코 뜰 새 없이 연구에 박차를 가하고 있을 때, 존 F 케네디 대통령이 나사를 방문했고 어느 청소부를 보고 물었다 한다. "당신은 어떤 일을 하고 있습니까?" 하고 질문을 하였다. 그의 대답은 "나는 우주 비행사를 달나라에 보내기 위하여 열심히 연구하고, 일하고 있는 분들을 위하여 사무실과 화장실을 깨끗하게 청소, 관리하는 일을 하고 있습니다"라고 대답하였다.

그 청소부는 달나라에 사람을 보내기 위한 연구를 하는 연구요원이 아니지만 그들을 도와주고 있다는 커다란 자부심으로 매일매일 즐겁게 일하고 있었다. 이처럼 항상 주인 정신과 긍정적으로 생각하는 습관을 가지면 자신의 미래를 밝게 할 수 있는 것이다.

긍정의 힘

긍정

많은 사람이 "예쁜 꽃에 하필 가시가 있다!"라고 말할 때,
긍정적인 사람은 "가시가 있는데 예쁜 꽃이 있다!"라고 말한다.

많은 사람이 "해가 진다!"라고 말할 때
긍정적인 사람은 "달이 뜬다!"라고 말한다.

많은 사람이 "하루가 갔다!"라고 말할 때
긍정적인 사람은 "더 좋은 하루가 온다!"라고 말한다.

당신은 긍정적인 사람인가?

- 마음의 밭에 '긍정'을 심으면 긍정적인 결과가 나오고, '부정'을 심으면 부정적인 결과를 낳는다. 이를 시소라고 하며 생각 속에 성공을 넣으면 성공의 결과가 나온다.
- 긍정적인 암시와 사고는 하루의 삶뿐만 아니라 그 사람의 이미지에 영향을 미치고 인생에 결정적인 계기를 만들어 준다. 펜실베니아대학교 심리학과 마틴 셀리그먼 교수는 긍정적인 태도를

가진 사람들이 비슷한 능력의 비관론자에 비해 성공할 가능성이 훨씬 더 많다고 했다.

- 많은 뇌과학자들의 연구 결과에 의하면 우리의 뇌는 실제와 상상을 구분하지 못해서 상상하는 대로 행동이 달라진다 한다. 여러분들이 성공한 모습을 구체적으로 머릿속에 그려보는 연습(상상훈련)을 해보라. 이것이 자기 암시이다.

자기 비전사명서에 작성한 꿈을 이룩하고 싶다면 드디어 바라는 모습이 된 당당한 자신을 늘 마음속에 품고 수시로 상상해 보라. 이러한 긍정적인 방향으로의 사고가 중요한 이유는 감정과 행동이 사고(思考)를 따라가기 때문이다. 생각의 방향을 바꾸는 것은 감정을 조절하는 것보다 쉽다.

- 곰팡이가 있어서 어둡고 지저분한 게 아니라, 어둡고 지저분해서 곰팡이가 생긴다는 걸 깨달았어요. 좋은 일이 생겨야 긍정적인 사람이 되는 게 아니라, 긍정적인 생각과 행동을 해야 좋은 일이 생긴다는 뜻이죠. 그래서 항상 긍정적인 말을 사용하는 습관을 지녀야 한다고 저는 생각합니다.
- 간단해요 마음 밭에 긍정의 씨앗을 뿌리면 돼요….
  - ▶ 만나고 싶은 사람은 '만날 수 있다!'
  - ▶ 원하는 일은 '이루어진다!'
  - ▶ 나는 '행복해질 수 있다!'

07 도전 정신
(용기, 열정)

칭기스칸에게 '열정'이 없었다면, 그는 평범한 양치기에
불과했을지도 모른다.

용기란 공포나 불안, 망설임, 수치 등을 두려워하지 않고 어떠한
경우에도 자신의 신념을 관철하며 모든 것에 정면으로 대항하는 적
극적이고 강인한 마음이다.

어떠한 분야든지 용기를 갖고 적극적으로 도전하면 새로운 길을
개척할 수 있다.

"적합한 사람을 불 태워라!" 〈좋은 기업을 넘어 위대한 기업으로〉
의 저자 짐 콜린스는 이렇게 말했다. 이는 사람을 뽑을 때 학벌이나
능력보다 그 사람이 얼마나 열정적인 사람인지를 보라는 얘기이다.

열정적인 사람들은 회사가 조금만 동기부여를 해주어도 마치 스
위치가 올라간 것처럼 강한 도전 정신으로 스스로 그 열정을 100

배, 200배까지 자가발전 시킨다.

열정이란 무엇인가? 돈도, 지식도, 기술도, 경험도 따라잡을 수 없는 그 불가사의한 힘! 오직 인간에게만 있는, 저 마음속 깊은 곳에 자리한 이 뜨거운 용광로, 열정. 즉, 열정은 '꿈이 가리키고 있는 방향으로 열과 성의를 다해 노력하는 육체적, 정신적 힘의 원천'이라고 할 수 있다.

이처럼 직장인은 시키고 주어진 것에만 안주하지 말고, 항상 새로운 것에 대한 호기심과 흥분을 느끼고 열정으로 도전해야 한다. 도전하는 사람만이 영광의 순간을 손에 넣을 수 있다.

용감하게 도전하여 실패하는 것은 창피한 것이 아니다. 그러나 용기가 없어 도전조차 해보지 않고 제대로 된 실패도 겪어보지 않은 사람이 있다면 그것이야말로 부끄러운 일이다.

도전하는 인생은 아름답고, 보람 있는 인생이다. 그리고 도전하는 본인에게는 차원이 다른 세상이 열리기 때문이다.

유명한 동기부여가인 나폴레온 힐이 말하길, "누구나 성공을 이루기 전에 수많은 일시적 패배와 몇 번의 실패를 겪는다. 그리고 패배가 찾아왔을 때 가장 논리적이고 쉽게 취할 수 있는 조치는 포기하는 것이다. 그것이 바로 대다수의 사람들이 선택하는 조치이다. 그리고 바로 대다수의 사람들이 그저 평범한 사람으로 남는 이유이기도 한 것이다." 이처럼 여러분은 그저 인생을 평범하게 살 것인가? 아닌가? 어제의 자신보다 더 나은 자신이 되어야 하지 않겠는가? 여러분의 용기에 달려 있다.

"여러분의 성장과 성공의 토대가 되는 것은 재능이나 능력, 실력, 학력이 아니라 도전하고 또 도전하는 것"이라고 〈성공의 심리학〉의 저자인 캐롤 드웩 교수는 말한다.

도전 목표를 세우고 "순간 순간을 여러분이 원하는 길만 보고 미쳐라."

옛 사람들은 불광불급(不狂不及)이라고 해서, 어떤 일에 미치지 않고는 그 경지에 도달할 수 없다고 했다. 끝이 무딘 송곳으로 구멍 뚫기가 어려울 뿐, 한 번 뚫으면 크게 뚫린다. 도전하고 노력하며 피땀 흘리면 반드시 목표에 도달할 수 있다.

일본의 세일즈 신(神)이라고 불리는 하라이치 헤이가 은퇴 후 기자회견에서, 한 기자가 영업을 잘하는 비결을 묻자 그는 이렇게 대답했다.

"저는 그저 남보다 많이 걷고 뛰었을 뿐입니다." 그러고는 양말을 벗어 발톱이 뭉개지고 굳은 살이 두껍게 붙은 발을 보여주었다. 그는 덧붙여 "세일즈를 하고 있지 않을 때는 세일즈에 대한 이야기를 했습니다. 그리고 세일즈에 대한 이야기를 하고 있지 않을 때는 세일즈에 대한 생각만을 하고 있었습니다."

이처럼 성공도, 업적도 자신의 일에 미친 사람들이 만드는 것이다.

이왕 도전하겠다고 마음 먹었으면 죽기 살기로 해라. 그냥 해내는 것과 노력을 다해 하는 것의 결과는 다를 수밖에 없다. 몰입하는 사람은 표정부터 다르다. 마음가짐이 다르고 자세가 다르기 때문이다. 자신의 핵심역량을 한 곳에 집중하면서 그 일과 씨름할 때, 여러분은 결국 도전 목표에 도달할 수 있다.

"생(生)은 소(牛)가 외나무다리(一)를 건너는 것과 같다. 용기 있게 다리 위에 올라서서 참된 삶(生)을 향해 도전할 것인가, 머뭇거리다 그냥 주저앉고 말 것인가"라고 말한다. 우리가 저지를 수 있는 가장 치명적인 실수는, 실수할까 봐 시도조차 하지 않는 것이다.

미래는 여러 가지 이름을 가지고 있다.
약한 자들에게는 불가능(不可能)이고
겁 많은 자들에게는 미지(未知)이며
용기있는 자들에게는 기회(機會)이다.

빅토르 마리 위고(Victor-Marie Hugo)

위의 빅토르 위고 말대로 불확실하지만 미래는 분명 기회이다. 그 기회를 잡아야 한다.

그리스 신화에서 기회의 신(神)은 앞머리만 있고 뒷머리가 없는 것으로 묘사된다. 따라서 우리는 기회가 오기 전에 미리 탁월함을 키워 놔야 한다. 기회가 왔을 때 그 탁월함을 발휘하여 단번에 기회를 움켜질 수 있다. 그래서 '기회는 준비되었고 도전하는 사람의 몫'이라 한다.

나의 첫 도전

내가 신입사원 때, 부산 지역은 신발 산업의 메카이었다. 부산 지역 아니 대한민국 수출의 중요 산업 단지였다. 그 당시 운동화의 부품인 중창 스폰지의 주요 원자재인 EVA가 국내 생산이 안 되어 전량 수입에 의존해야 하는 실정이었다.

일본의 2개 종합화학 회사가 중간 무역상(대리점)을 통하여 거의 80% 이상을 선점하고 있었다. 종합상사인 우리로서는 이 거대한 시장을 그냥 보고 있기에는 자존심이 상하고 우리에게는 성장할 수 있는 기회였다. 이 시장에 진입하고 탈환하기 위해서는 우선 일본이 아닌 다른 국가의 EVA를 찾아야(개발) 하였다. 시장 진입 목표를 정하고 그에 따른 세부 계획과 전략을 수립하였다.

공급선은 그 당시 소량 판매하고 있던 미국의 D사를 선정하였고, 이제 일본 제품과의 전투의 실행만 남았다. 과연 누구를 호랑이 굴(부산 지역)로 보내느냐에 부서장님의 고민만 남았다. 서울을 떠나 타 지역으로 이전해야 한다. 대다수가 꺼렸다. 가족이 서울에 있고, 그리고 일가 친척이 없는 타지이기에… 그래서 부산 지역의 영업직을 뽑자는 대안도 있었다.

나 역시 연고가 부산이 아니었다. 근무환경이 깨끗하고 편안한 서울 무역본부 사무실에서 하루하루 일하고 퇴근하면 편안한데, 굳이 근무 환경이 서울만도 못한 타지에 갈 필요가 있을까? 또한 몸이 아프신 어머니를 떠나서 말이다….

그러나 나는 이번의 시장 개발이 나의 성장 기회라 생각했다. 가서 시장을 점령하겠다고 부서장님께 지원했다. 부서장님도 나의 개인 사정을 고려할 때 지방으로 선뜻 보내기에는 망설이셨지만 담당자인 내가 간다면은 프로젝트의 성공 확률은 높다고 생각하고 계셨다. 부서장님을 설득시켜 부산으로 내려왔다.

하숙방에 짐을 풀고 다음 날부터 넥타이에 정장차림으로 버스 타고 EVA 샘플을 들고 부산 사람들이 그 당시 얘기했던 "마누라 없이는 살아도 장화 없이는 못 산다"는 포장이 안된 그 질퍽거리는 부산 사상 공단의 스폰지 업체들을 군에서 수색 작업하듯이 싹싹 찾아 방문하였다.

비 오는 장마철에는 양복바지 걷고 샘플을 담은 검정 비닐 백을 머리에 얹고 비 맞은 생쥐처럼 되어 거래처를 방문해 전달하면서 하나씩 하나씩 개발하였다. 하루에 12~15곳의 업체를 바보처럼 매일같이 찾아갔다. 초기에는 기존 쓰는 일본산 제품에 익숙해진 작업자들에게 문전 퇴박도 당했다. 그러나 부산까지 내려왔는데 나는 결코 포기할 수 없었다.

보병의 임전무퇴 돌격정신으로 그리고 우직한 바보 정신으로 매일 찾아가서 '샘플 테스트'만이라도 기회를 달라고 부탁(구걸)했다. 영업직은 반드시 결과를 내야만 한다. 변명의 여지가 없다. 간, 쓸개 다 빼 놓고 미친놈처럼 달라 붙어야 한다.

어떤 사람들은 영업사원을 기생이라고도 한다. 그러나 지성이면 감천이라고 쌀쌀하기만 했던 잠재 고객들이 조금씩 나의 노력과 우리 제품에 대하여 관심을 갖기 시작했다. 드디어 내가 고객의 마음을 잡은 것이다.

그날 피곤해서 축 처진 몸으로 비 내리는 저녁 사상 공단에서 초라한 하숙방으로 돌아오는 버스 안에서 해냈다는 기쁨의 눈물이 고였고, 비 내리는 버스 창가에 갑자기 어른거리는 아프신 어머니 생각과 함께 가슴에 뜨거운 빗물이 흘렀던 그날… 이 글을 쓰면서 생각이 나 잠시 눈을 감고 그때를 회상한다.

그 이후 1년만에 학연, 지연, 혈연을 따졌던 타지(他地) 부산의 신발 산업 EVA 스폰지 시장 점유율을 80%로 끌어 올렸다. 제때에 공단에서 식사를 할 수도 없어 굶기도 했지만 오로지 거래처를 개발하겠다는 바보 같은 일념으로 열심히 일했다.

덕분에 몸무게가 56kg에서 49kg으로 뼈만 남았지만 그때의 미지에 대한 도전으로 이룬 자그마한 성공이 자신감으로 이어졌고 그 후 나에게는 또 다른 목표에 대한 도전의 갈증으로 이어졌다.

전두환 정권에 의한 정치적 보복으로 자부심과 즐거움으로 열정적으로 근무했던 첫 직장, 국제상사의 붕괴로 이직을 한 후에도 나의 도전 정신은 계속 이어졌다. 꾸준한 열정과 자기 개발(학습) 그리고 누가 뭐라 하든 바보 정신으로 중국 시장 개발 성공 후, 인도 시장 개발 등으로 주어진 보상은 아시아 태평양 전역의 사업을 관리하는 책임자(Asia Pacific 사업본부장)가 되었다.

애플사의 최고 경영자인 스티브 잡스가 2005년 스탠포드대학 졸업 축사에서 한 말이 기억 난다. "Stay hungray, stay foolish" 직역하면 "계속 배고프고, 계속 바보스러워라"이다. 이 말 뜻을 나는 이렇게 해석(느꼈다)했다. "헝그리 정신으로 끊임없는 도전(열정)과 바보처럼 꿈(목표)꾸고, 바보처럼 실망하지 말고, 지치지 말고, 포기하지 말고 꾸준히 행동하라."

주눅들지 마라. 기업에서 가방 끈(학력, 학벌)은 참고 사항이다. 중요한 자질은 끊임없는 도전 정신으로 자신이 하기로 한 내용을 끝까지 책임지는 끝장 정신만 있으면 된다. 본래 일이란 게 지금 안 되는 것에 대해 '되는 방법'을 찾아 해결하는 것 아닌가?

뛰어난 성과를 낸 사람들을 보면 무엇이 그들의 오늘을 만들었는가? 살아온 세월이 쌓일수록 그들의 강한 태도와 의지, 열정, 인성 같은 요소들이 학력, 재능보다 훨씬 중요하다는 것을 볼 수 있었다.

"훌륭한 생각을 하는 사람은 많지만, 행동으로 옮기는 사람은 드물다. 나는 포기하지 않았다. 대신 무언가를 할 때마다 그 경험에서 배우고, 다음 번에 더 잘할 방법을 찾아냈을 뿐이다."

65세에 국가에서 준 사회 보장기금 105달러를 들고 마지막 희망의 길(창업)을 떠나 중고 승용차에 요리 기구를 싣고 전국을 떠돌며 닭고기 조리법을 팔러 다니며, 2년 동안 1009번의 퇴짜를 맞으며 결국에는 성공한 KFC 창업자 커넬 샌더스의 말이다.

　도전하라, 도전해서 이룬 성취감은 늘 고통에서 시작된다. 지금 힘들고 어려운 시간이 즐거움을 선사할 것이다.

08 승부 근성

집요하게 물고 늘어지는 자가 결국 큰 일을 이룬다.

근성(根性)의 사전적 의미는 '정성을 다하여 바치는 마음'이다. 즉, 어려운 상황에서도 끈기 있게 노력하고 인내심을 가지며 주어진 목표를 이루기 위해 끊임없이 노력하는 성격이나 태도를 지칭한다.

펜실베이니아대학교 심리학과 교수 앤젤라 더크워스의 저서 '그릿(Grit)'은 2016년 출간되어 50만부나 팔린 베스트셀러로, 책 제목인 그릿(Grit)은 포기하지 않고 노력하는 힘이며, 역경과 실패 앞에서 좌절하지 않고 끈질기게 견딜 수 있는 마음의 근력(筋力)을 의미한다고 했다. 이는 재능을 발휘하고 꽃피우게 하는 원동력이자 결국 퍼포먼스를 이루는 힘이며, 도전 앞에서 쉽게 무너지지 않는 강력한 심장의 힘이라 말할 수 있다.

당나라 시인 이백(李白)은 젊은 시절 훌륭한 스승을 찾아 입산하여 공부를 했다. 그러나 중도에 그만 싫증이 나서 아무 말 없이 산을 내려왔다. 계곡의 어느 시냇가에 이르렀을 때 그는 한 노파를 보았다. 노파는 바위 위에다 열심히 도끼를 갈고 있었다. 이백이 노파에게 물었다.

"지금 뭘 하고 계신 건가요?"

"도끼를 갈아서 바늘로 만들려고 하네."

"아니, 도끼를 간다고 바늘이 되겠습니까?"

"중도에 그만두지만 않는다면 될 수 있지."

이 말을 들은 이백은 문득 깨달은 바가 있어서, 다시 산으로 올라가 공부를 계속했다고 한다.

당서(唐書) 문원전(文苑傳)에 나오는 이야기로, '마부작침(磨斧作針)', 즉 '도끼를 갈아서 바늘로 만든다'는 말은 이렇게 유래되었다고 한다.

이 이야기는 세상의 어떤 것도 강한 의지를 대신할 수 없다. 재능보다 앞서는 것이 결코 포기하지 않는 열정과 끈기이다.

실제로 성공하지 못한 사람들이 공통적으로 갖고 있는 것 중의 하나가 바로 끈기 없는 재능이라고 한다.

맥도널드의 창립자인 레이 크록은 "노력하라. 끈기를 대신할 수 있는 것은 세상에 아무것도 없다. 재능도 그것을 대신하지 못한다."라고 했다.

영업사원은 어떠한 어려움이나 도전에 직면했을 때도 절대 포기하지 않고 계속해서 노력하며 문제를 해결(실패 원인 분석, 전략의 수정 등)하려는 의지와 끈끈한 인내력을 갖추어야 한다.

승부 근성은 성취와 성공을 위한 힘든 여정에서 중요한 역할을 한다.

어머니의 도움

고객 후야오(Fuyao) 불만 처리

중국 남부 후지안 지역의 8월의 더위는 맹렬했다. 그날 고객 방문의 목적은 거래중지를 선언한 고객의 심각한 불만을 해소시키고 거래 재개를 요청해야 하는 어려운 상황 하의 방문이라 마음이 무거웠다. 그러나 새로운 제안(해결책)과 더 자신감을 보이며 재도전하여 반드시 이슈를 해결해야만 했다.

서울 김포 공항에서 상하이로 가서 상하이에서 비행기로 2시간 그리고 에어컨에서 더운 바람이 나오는 소형 택시로 먼지 풀풀 날리는 비포장 도로로 2시간 걸려 고객 공장에 도착했다.

여성 공장장인 리 메이메이(李 美美)에게 방문 인사를 정중히 드렸다. 이름 그대로 50대 초반의 미인이셨다. 안면이 많이 경색된 공장장님의 모습에서 우리 방문이 달갑지 않음을 쉽게 느낄 수 있었다. 어떻게든 실망으로 굳게 닫아버린 공장장의 마음을 열어야 했다.

우선 전임 영업 담당자의 실책(느린 대응, 불친절, 거짓 대응 등)에 대하여 동행한 새로 뽑은 영업사원, 세일즈 매니저와 함께 90도로 허리를 굽혀 정중히 사과드리고 자리에 앉아 다시 차분하고 명확한 어조로 준비한 내용을 직접 설명 드렸다.

재발방지와 함께 고객의 니즈와 소리(Customer voice)를 잘 경청하기 위한 방안을 말했다.

1) 영업 직원의 매주 방문

2) 현지 세일즈 매니저의 격주 방문

3) 나와 기술 담당 매니저의 매달 방문

4) 고객 제품의 품질 평가(performance mornitoring)를 위한 고객 제품 채취(2회/월) 후 분석한 리포트 제공을 제안드렸다.

그러나 이미 크게 실망해 얼음장처럼 싸늘해진 공장장의 마음은 전혀 풀릴 기미가 없었다. 그만 돌아가라는 말이었다. 중국 비즈니스를 책임지고 있는 나로서는 이대로 물러설 수는 없었다(Never Give Up).

나는 현재의 불리한 상황을 바꾸어야만 했다. 그래서 전략을 바꾸어 감성에 호소하는 전략으로 대화 분위기를 바꾸었다. "공장장님 말씀 잘 알겠습니다. 다시 방문 드려 불편하게 해 드리지 않도록 하겠습니다. 떠나기 전에 차 한 잔만 더 주십시오"라고 부탁드렸다.

시원한 냉 녹차를 주시길래 감사하다고 인사드리고 천천히 차를 마시며, "차 향기가 아주 좋네요, 공장장님" 그리고 "우리 한국에는 아직까지는 여성 공장장이 거의 없는데, 전공은 무엇을 하셨나요?"라고 물었더니 화학공학을 했다 하셨다. 그리고 "미인(美人)이시고, 영어가 네이티브 스피커 같으시다고 칭찬했더니 굳었던 얼굴에 살짝 미소를 지으며 프랑스에 일 년 유학하셨다"고 했다. 드디어 마음을 조금씩 열면서 대화를 이어 갔다.

이때 공장장의 아름다운 미소가 돌아가신 어머니과 흡사해 나도 모르게 자연스럽게 "공장장님을 뵈니까, 예쁘신 눈과 이마가 돌아가신 내 어머니과 흡사하여 마치 어머니를 만나고 있는 것 같아 마음이 편하군요"라고 자연스럽게 얘기했다.

"그리고 업무를 떠나 오늘 이후에는 공장장님을 못 볼 것 같아 서운합니다" 했더니, 공장장이 잠시 무엇인가 생각하시더니 "우리 공장의 사용량이 그리 많지 않는데 담당 직원 보내지 그 먼 코리아에서 방문할 필요가 있겠느냐?" 하셨다.

나는 공장장의 의아스러운 말씀에 내심 깜짝 놀랐으나 구매 재개의 신호로 알아차리고 바로 "감사합니다. 공장장님, 이제 다시는 같은 실수로 실망시켜 드리는 일이 없을 겁니다" 하고 정중히 말씀드렸다.

그리고 기회를 다시 주신다면 "중국 남부 지역에 대리점을 선정하고 재고(inventory)를 비축해 원재료 수급에 신경 덜 쓰시게 해 드리겠다"고 추가 제안을 드렸다.

그랬더니 공장장께서 고개를 약간 옆으로 하시며 의자에 편안한 자세를 취하시더니 잠시 생각하신 뒤, "새로운 샘플을 보내라"고 하셨다.

지성(至誠)이면 감천(感天)이라는 말대로 상황이 갑자기 우호적으로 바뀐 것이다.

나의 절박한 심정을 재발방지 대안을 가지고 진솔하게 감성적으로 표현한 것이 공장장의 마음을 움직인 모양이다.

이성이 아닌 감정이 고객을 지배한 셈이다.

영업사원은 결코 포기해서는 안 된다(Never Give Up). 과거 담당자의 실수를 마치 내가 만든 것처럼 깊이 사과하며 예전보다 낮은 합리적인 서비스를 약속드린 것에 공장장이 화를 조금 푸시고 다시 한번 기회를 주신 듯하다.

그 후 약속드린 대로 모든 면을 정확하고, 성실하게 실행하면서 주요 공급자로 자리 잡으면서 우리의 판매량도 고객의 성장과 함께 꾸준히 늘어났고, 높은 고객의 충성도까지 얻게 되었다. 이 고객은 불과 20여 년 만에 글로벌 1~2위의 업체로 성장하였다.

결코 포기하지 않고(Never Give Up), 고객의 반대 의견(불만 사항)을 잘 이해하고 해결하기 위하여 깊이 집중하면서 생각해 실현 가능한 좋은 대안을 개발하여(생각의 힘으로) 당면한 위기를 기회로 바꿀 수 있는 능력의 향상을 위하여 많이 연구해야만 할 것이다.

이처럼 결코 포기하지 말고 열정을 가지고 성실하게 영업에 매진하며 여러분의 매력도를 높여라!

09 팀워크을 길러라

We are not a team because
we are working together, (같이 일한다고 팀이 아니다.)
But, we are a team because we respect and care for each other.
(그러나 우리는 서로를 잘 이해하고 도와줌으로써 팀이다.)

여기서 리스펙트(Respect)의 어원을 이해할 필요가 있다. Respect는 Re/spect로 분리하면, Re의 의미는 반복적으로 그리고 sepect는 옛 그리스어원에 의하면 잘 관찰하다, 잘 살피다란 의미라 한다. 결국 Respect는 지속적으로 주변 동료를 잘 관찰하며 보살펴 준다라는 의미로써, 이러한 환경에서 일할 때 우리는 이것을 진정한 팀이라 할 수가 있겠다.

• 팀워크는 직장에서 화합을 촉진시킨다.

개인은 다양한 재능, 약점, 의사소통 기술, 강점 및 자신의 습관을 가지고 있다. 따라서 팀워크 환경이 조성되지 않은 경우 조직 전체 목표를 달성하는데 많은 어려움이 있을 수 있다. 그러나 팀워크 환경은 서로의 우정과 조직(직장)에 대한 충성심을 키우는 분위기를 조성하며, 이러한 긴밀한 관계는 직원들에게 동기를 부여하고 더 열심히 일하고 서로 협력하고 지원하도록 조정한다.

- 팀워크는 다양한 관점과 피드백을 제공해 준다.

좋은 팀워크 구조는 조직에 대한 다양한 사고, 창의성, 관점, 기회 및 문제 해결 접근 방식을 제공한다. 적절한 팀 환경은 개인이 집단적으로 브레인스토밍을 할 수 있게 하여 결과적으로 문제 해결에 대한 성공을 높이고 보다 효율적이고 효과적으로 솔루션에 도달하게 해준다.

- 팀워크는 향상된 효율성과 생산성을 제공한다.

팀워크 전략을 통합하면 효율성과 생산성이 향상된다. 업무를 분담하여 개인의 부담을 줄이고 정해진 시간 내에 업무를 완료할 수 있기 때문이다.

즉, 팀워크란 공통의 비전을 향해 함께 일하는 능력이자, 평범한 사람들이 비범한 성과를 달성하도록 만드는 연료이다.

- 팀워크는 훌륭한 학습 기회를 제공한다.

팀으로 일하면서 서로의 실수로부터 배울 수가 있다. 이로 인해 미래의 실수를 피하고, 다른 관점에서 통찰력을 얻고, 경험이 많은 동료로부터 새로운 개념을 배울 수 있다. 또한 개인은 자신의 지식과 능력을 확장하고 동료로부터 신선한 아이디어를 발견할 수 있어서 당면한 과제에 대한 보다 효과적인 접근 방식과 솔루션을 확인할 수 있다.

아프리카 속담

"빨리 가려면 혼자 가고, 멀리 가려면 함께 가라"가 있습니다.

아프리카에는 사막도 많고 정글도 있어
멀리 가려면 열악한 환경과 무서운 짐승들 속에서
생존해야 하기 때문에
길동무 없이는 불가능하기 때문에 생긴 속담입니다.

단기적으로는 혼자 하는 것이 빠를 수 있지만 장기적으로는
함께하는 것이 더 큰 성과를 낼 수 있다는 의미를 담고 있다.
즉, 효율성과 협력의 중요성을 강조하는 표현이다.

10 실행하라

실행력 없는 비전은 비극이다! 영업 전략이 아무리 우수해도
빠르게 잘 실행하지 않으면 성공할 수 없다.

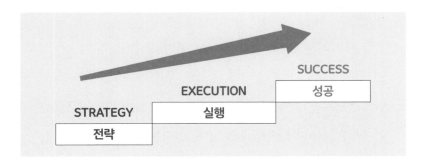

목표를 세우고 꿈을 향해 달려가고 싶지만 우물쭈물거리기만 할
뿐 아무것도 이루지 못할 때가 있다. 좀처럼 성공하지 못하는 사람
들의 원인과 고통 중 한 가지는 '그 일에 착수하지 않는 것'이다.

영업 전략은 경쟁사도 수립한다. 때로는 경쟁사의 전략이 우월
할 때도 있다. 그러나 중요한 점은 누가 과연 신속하고 저돌적으로

전략을 시행하느냐가 승패를 가름한다.

일단 첫걸음을 내딛고 무조건 시작하는 것이 중요하다. 의욕이 생기고 나서 시작하려고 하지 말고, 먼저 시작하라! 착수하고 나면 모든 어려움에서 한순간에 해방된다. 그리고 그 일은 스스로 움직이기 시작한다. 그래서 시작이 반이라는 말이 있다.

경쟁시대에서 뛰어난 실행 능력은 여러분 개인뿐만 아니라 여러분 회사도 신뢰할 수 있는 경쟁우위가 될 수 있다. 왜냐하면 전략을 주도 면밀하게 실행할 수 있는 능력은 그 성격상 경쟁사가 짧은 시간 내에 따라잡기 힘들기 때문이다. 전략은 실행되는 만큼의 효과가 있기 때문이다.

아래 그림에서 보듯이, 일반적으로 전략이 실행의 상위 개념으로 영향을 미치지만 빠르게 변화하는 현재의 경영환경에서는 전략이 전략의 실행 과정의 영향(결과)을 받아 빠른 전략의 수정이 필요하다. 즉, 이제는 전략과 실행은 별개의 것이 아닌 같은 동전의 양면인 것이다.

사이먼 앤 가펑클의 멤버였던 폴 사이먼은 아프리카 토속 음악을 주제로 새로운 음반을 낸 적이 있다. 유명한 음악가가 새 앨범을 냈으니 방송에서 주요 이슈로 다루는 것은 당연했다. 그런데 생방송 도중 평소 사이먼을 좋게 생각하지 않던 앵커가 아프리카 토속음악을 주제로 음반을 만드는 일은 누구나 할 수 있는 것 아니냐고 비꼬는 투로 말했다. 그 말을 들은 사이먼은 이렇게 말했다. "당연히 누구나 할 수 있는 일입니다. 하지만 정작 실행에 옮긴 사람은 저 하나뿐입니다."

성공하는 사람과 그렇지 못한 사람의 차이는 '실행'에 있다. 흔히 '성공한 사람들은 우리가 모르는 뭔가 특별한 성공의 비법을 알고 있다'고 생각한다. 하지만 이는 자신이 그것을 이루지 못했다는, 그리고 그들처럼 성공을 위해 노력할 자신이 없다는 것에 대한 자기변명에 지나지 않는다.

실행력을 높이려면 어떻게 해야 할까?

먼저 실행력이 하나의 습관이라는 점을 이해할 필요가 있다. 한마디로 실행력은 습관적인 능력들의 집합이다.

그것은 마치 운동선수가 꾸준한 훈련을 통해 근력을 키우고 기술을 몸에 익히는 것과 같다. 즉, 실행력은 실행, 그것도 반복적인 실행을 통해서만 높일 수 있는 것이다. 따라서 실행력을 높이기 위해서는 무엇보다도 일을 미루지 않고 즉시 실행하는 습관, 목표한 성과가 나올 때까지 끈질기게 실행하는 습관을 갖는 것이 중요하다. 이것은 실행력이 높은 조직의 특징이기도 하다.

나는 매사에 선사후행(先事後行)보다 선행후사(先行後事)를 택했다. 30% 정도 계획(Plan)이 완성되면 승리할 수 있는 전술을 세워 바로 실행에 들어갔다. 실행을 하다 보면 목표달성을 위해 나 자신이 더욱 강력하게 집중하게 되었고 변화하는 외부환경에 즉각 대응하기 위한 전략의 수정으로 승기(勝氣)를 잡을 수 있기 때문이다.

조직의 전략 실행 능력을 배양하고 실행력을 극대화시킬 수 있도록 조직원을 개발하는 것이 매니저의 중요한 임무이다.

아무것도 없는 제로 상태에서도 여러분은 다시 시작할 수 있는 용기를 가지고 있는가라고 묻고 싶다.

자기 계발

승자는 공부하고, 공부하는 자는 승리한다.

　자기 계발은 개인이 자신의 능력, 지식, 기술 등을 향상시키고 개선하는 과정을 말한다. 이는 목표를 설정하고 그것을 이루기 위해 노력하며 지속적으로 발전하는 것을 포함한다.

· 나는 내가 사는 한 배웁니다.
· 나는 오늘도 배우고 있습니다.
· 승자는 공부하고, 공부하는 자는 승리
　한다.

19세기 후반 독일을 통일하고 독일 제국을 유럽 최강의 나라로 만든 비스마르크 총리의 1885년 2월 12일 제국의회에서 한 연설의 일부.

자기 계발은 삶의 다양한 영역에 걸쳐 적용될 수 있으며, 개인의 성장과 발전을 위한 중요한 요소이다.

자기 계발을 위한 여러 가지 방법이 있지만, 아래의 방법을 권한다.

1. 목표 설정 : 명확하고 구체적인 목표를 설정하고 이를 달성하기 위한 계획을 세우는 것이 중요하다.
2. 독서 : 책을 읽어서 지식을 확장하고 새로운 아이디어를 얻는다.
3. 습관 형성 : 긍정적인 습관을 형성하고 나쁜 습관을 극복하는 것이 중요하다. 이를 위해 일정한 시간표나 일일 계획을 세우는 것이 도움이 될 수 있다.
4. 시간 관리 : 시간을 효율적으로 활용하고 우선순위를 정해서 목표를 달성하는데 도움이 된다.

다음 페이지의 시간 관리 매트릭스에서 보다시피, 어떤 활동을 결정하는 두 가지 요소는 바로 '긴급성'과 '중요성'이다. 긴급한 일은 즉각적인 행동이 요구되고 영향을 주기 때문에 '지금 당장'해야 하는 것이다.

반면에 '중요성'은 결과와 관계된다. 우리의 사명, 가치관, 우선순위가 높은 목표에 기여하는 일이 중요한 일이다. 우리는 급한 일에 즉각적으로 반응한다. 그러나 급하지는 않지만 중요한 일은 더 큰 자발성과 주도성을 요구한다.

시간 관리 매트릭스 (Time Management Matrix)

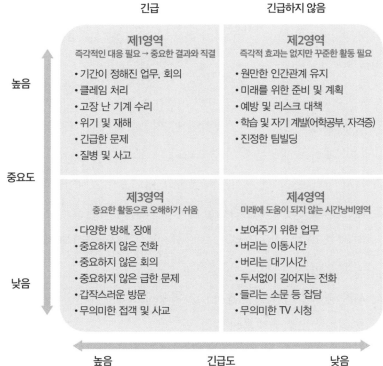

	긴급	긴급하지 않음
	제1영역 즉각적인 대응 필요 → 중요한 결과와 직결 • 기간이 정해진 업무, 회의 • 클레임 처리 • 고장 난 기계 수리 • 위기 및 재해 • 긴급한 문제 • 질병 및 사고	**제2영역** 즉각적 효과는 없지만 꾸준한 활동 필요 • 원만한 인간관계 유지 • 미래를 위한 준비 및 계획 • 예방 및 리스크 대책 • 학습 및 자기 계발(어학공부, 자격증) • 진정한 팀빌딩
	제3영역 중요한 활동으로 오해하기 쉬움 • 다양한 방해, 장애 • 중요하지 않은 전화 • 중요하지 않은 회의 • 중요하지 않은 급한 문제 • 갑작스러운 방문 • 무의미한 접객 및 사교	**제4영역** 미래에 도움이 되지 않는 시간낭비영역 • 보여주기 위한 업무 • 버리는 이동시간 • 버리는 대기시간 • 두서없이 길어지는 전화 • 들리는 소문 등 잡담 • 무의미한 TV 시청

높음 / 중요도 / 낮음

높음 · 긴급도 · 낮음

성공적인 삶을 사는 사람은 위의 도표에 있는 제3영역 및 제4영역 분면에 대한 시간 투입을 삼가고, 그 대신 제2영역 분면에 속하는 일에 더 많은 시간을 투입함으로써 제1영역 분면에 속하는 행동을 줄인다.

성공적인 사람은 당면 문제 위주가 아니라 미래 기회 위주로 생각한다. 이들은 기회를 증가시키고 문제는 감소시킨다. 제2사 분면에 해당하는 일을 찾아내어 이를 주도적으로 실행한다면 커다란 성과를 얻을 수 있다.

　시간을 사용하는 방법은 시간의 중요성을 어떻게 보는가와 삶의 우선순위를 실제 어떻게 생각하느냐에 따라 달라진다. 만일 마음속에 '우선순위가 높은 것부터 하겠다'라는 강한 결심이 서 있지 않다면 제3영역 분면에 속하는 인기 있는 일과 제4영역 분면에 속하는 즐거움을 추구하는 일에만 시간을 쓰게 된다. 즐거움만 추구하는 탕진하는 삶과 가치를 생산하는 삶 중에 어느 것이 여러분을 행복하게 만들어줄 것인가?

　하루 24시간은 누구에게나 공평하게 주어지는 하루의 시간이다. 옛말에 시간을 지배하는 사람(시간 경영)이 세상을 지배하고, 자신의 운명까지도 지배한다고 했다. 실제로 성공한 사람들은 단 한 시간도 헛되게 보내지 않았다.

　여러분이 다른 사람보다 최소 30분 일찍 출근해 자기 계발을 위해 책을 읽어 보라.

　아침에 조용한 사무실에서 읽는 책은 잠자는 뇌를 깨워주는 청량제 역할을 한다. 머리를 맑게 해주고 이성과 감성의 촉수를 일으켜 세운다. 10분 운동처럼 날마다 30분씩만 자신의 뇌를 깨워줄 아침 독서의 상쾌한 맛, 첫사랑처럼 설레는 책과의 아침 데이트를 습관화해 보라….

　이러한 자기 개발 시간이 이틀이면 1시간, 한 달이면(20일 기준) 10시간, 1년이면 120시간, 5년이면 600시간, 그리고 주변 아랑곳없이 바보 같은 심정으로 책을 꾸준히 읽어 10년이 쌓이면 독서하지 않은 사람과 그 결과는 어떻게 되겠는가?

ROTC 보병 장교로 임관하여 28개월의 군 생활을 하면서, 적성에 맞아 국가와 국민을 위해 봉사하겠다는 일념으로 군인의 길인 장기 복무를 생각하고 있었다. 그러나 어머니의 병환으로 전역을 하여 일반 기업에 지원하게 되었다. 장기 복무를 생각하고 있었기에 다른 동료 전역 장교들과는 달리 기업체 입사 준비를 전혀 하지 못했다.

종합상사(국제상사)에 지원해 1차 서류 전형 합격 후, 2차 면접에서 영어 테스트가 포함되어 있었다. 듣기(Hearing) 테스트 결과를 가지고 2차 최종 면접이 있었다.

면접관이 왜 종합상사에 지원했느냐 물으시길래, 군 복무 시절에 보았던 '열사의 한국인' 홍보 영화에서 아프리카에서 고생하며 대한민국의 수출을 위해 무더위도 잊고 고생하며 열심히 일하는 상사맨의 모습을 보고 가슴에 뜨거움이 올라와 전역하게 되면 나도 상사맨이 되어 국가 부흥의 일익을 담당하고 싶었다고 대답했다.

그리고 내 영어 테스트 결과를 보시며 물었다. "본인의 영어 실력이 어느 정도 될 것 같냐"고 질문을 하셨다. 잠깐 망설이다가 솔직히 답변하는 것이 중요하기에 "중하 정도인 것 같습니다"고 답변했다. "그 정도이면 향후 노력하기 나름이겠지만 상사맨으로 합격 점수는 아니라" 하시길래, 자신감 있는 큰소리로 답했다.

"군에서 제 임무에 최선을 다하여 항상 상위 평가를 받은 것처럼, 제가 하고 싶은 상사맨으로서의 자질을 갖추기 위해 목숨 걸고 공부하여 6개월 이내에 중급 이상으로 그리고 1년 이내에 상급으로 올려 놓겠습니다. 믿고 기회를 주십시요" 하고 결기에 찬 목소리로 답하고 면접을 마치고 나왔다.

결과가 어떻건 간에(하늘에 맡기기로 하고), 향후 어떤 일에 종사하던지 그 당시 대한민국의 현실인 수출로 국력을 키우는 길이 우선이기에 어학 공부는 필수 요건이라 생각하여, 바로 영어 학원에 등록하여 수강을 시작했다.

열흘 후에 합격자 발표하는 날, 그 당시는 온라인 등의 시스템이 없어서 퇴계로 극동 빌딩 한쪽 벽면에 크게 합격자 명단을 붙여 놓았다. 그 당시 200명 모집에 6,000명이 지원한 30대 1 경쟁이었다.

합격 확인을 하러 온 지원자들이 건물의 한쪽 벽에 몰려 있었다. 가슴이 덜컹거렸다. 선뜻 다가가서 확인하기가 두려웠던지 또는 망설였는지…. 혹시 합격이 아니라면 어떻게 할 것인가? 그렇다고 확인을 안 할 수는 없지 않은가? 망설이고 망설이다가 많은 사람이 떠나간 후에 걱정스러운 마음으로 힘 없이 다가가 벽보를 보았다.

작은 수험번호가 희미해 잘 안 보였다. 가슴이 철렁했다. 심호흡을 크게 하고 눈을 크게 뜨고 다시 천천히 보았다. 합격(合格)이었다. 순간 아프신 어머니 얼굴이 떠오르며 가슴이 울컥했다. 모든 것이 감사하고 고마웠다.

이제 새로운 시작이다. 나의 꿈을 향해 돌진할 것이다. 발표 날 저녁에도 영어 학원에 갔다. 수업 시간 내내 내가 그리는 미래에 대한 생각으로 가슴에 뜨거운 희망과 열정이 힘차게 샘솟았다.

1달간의 신입사원 연수를 마치고, 현업에 배치되었다. 면접관이셨던 이사님을 찾아가 감사 인사드리러 갔더니 기억하시며 반가이 맞아 주시고 '열심히 공부하겠다는 약속 지키고 회사의 우수한 인재가 되라'는 격려의 말씀을 주셨다. 약속드린 대로 하겠다고 다짐 드리고 정중히 감사 인사드리고 나왔다.

영어 학원의 아침 새벽반 수업 그리고 점심 시간에는 점심을 거르고 빵 하나로 때우며 영국문화원의 영어 회화 클래스, 저녁에는 타임 매거진 클래스에 등록해 1년간 열심히 공부했다. 지치고 힘들기도 했지만 나를 믿어준 면접관과의 약속 그리고 나와의 약속을 생각하며 약해지는 나 스스로를 강하게 꾸짖으며 미래의 내 모습을 향해 정진했다.

어느 책에서 읽었던 귀절 '운동과 영어공부는 배신하지 않는다'라는 말대로 어학 능력이 향상되었다. 나의 강한 의지와 열정을 믿어주신 면접관 이사님께 한 약속을 지켰고, 나와의 약속도 지켰다. 나는 그만큼 또 성장했고 그리고 커다란 자신감을 얻었다.

전두환 정권의 정치 보복으로 그리도 좋아했고 상사맨이라는 자부심을 가지고 행복하게 근무했던 회사(국제상사)가 1985.2.25일 해체되어 인수한 회사의 경영 스타일로 인한 미래에 대한 불확실성으로 그 좋아했던 첫 직장을 떠나야 하는 아픈 마음으로 사직하고 글로벌 회사인 듀폰으로 이직을 하게 되었다. 이직 후에도 서강대학교의 야간(오후 7시 ~ 9시30분, 주 4회) 1년 과정인 영어 프로그램에 등록해 열심히 공부하였다.

영어 공부를 마친 5년 후에 다시 재교육과 새로운 지식 함양을 위하여 야간 코스인 연세대학교 경영대학원(MBA 5학기 과정) 마케팅 석사 과정을 마쳤다. MBA 과정에서 이공학부에서 배우지 못한 과목들 인사관리, 리더십, 마케팅, 회계학, 통계학, 광고학, 생산관리 등등 모든 것이 새로웠고 배움이 기뻤다.

1학기 중간고사에서 성적이 생각보다 좋지 않아 같은 반 동기들(나이 어린 학생)과 스터디그룹을 만들어 주말에 이해 못한 과목을 서로 도와주며 공부한 결과 2학기부터는 올 A를 받아 늦게 시작한 공부에 재미를 갖게 되었고, 중간고사가 끝난 날 스터디그룹 동기들과 대학 신입생 때처럼 학교 앞 생맥주 집에서 떠들며 스트레스 풀던 즐겁던 기억이 생생하다. 일과 후 야간 수업이라 때로는 힘들고 피곤했지만 새로운 학습에 대한 열정으로 잘 견뎌냈던 그때를 가끔 떠올리곤 한다.

자기 계발을 위한 모든 이러한 노력이 나의 성장의 원동력이 되었다 확신한다. 꾸준한 자기 계발 없이는 원하는 목표에 도달할 수가 없기에 여러분에게 꾸준한 학습으로 경쟁자와 차별화될 수 있는 핵심인 자기 계발에 매진하라고 강력히 권한다.

12 자기 계발을 위한 꾸준한 학습

배움에는 끝이 없다. 배움을 그만두면 지식은 굳어 버리고
변화하는 세상의 흐름을 읽을 수 없다.

저명한 미국의 미래학자인 앨빈 토플러는 "21세기 문맹은 읽지
못하고 쓰지 못하는 사람이 아니라, 배우려 하지 않고 낡은 지식을
버리려 하지 않는 사람이다"라고 새롭게 정의했다. 지식도 반감기
가 있다.

왜냐하면 지식의 발전 속도(새로운 지식의 창출과 생산량의 급증)가
빨라, 기존의 많은 지식을 급속도로 낡은 것으로 만들고 있어서 현
재 내가 알고 있는 지식으로 먹고살 만하다고, 더 배우려고 노력하
지 않고 그냥 정체된다면 그것이 바로 문맹(文盲)이다. 그래서 그치
지 말고, 매일매일 더 나아지려고 노력하는 것과 다시 새롭게 배우
려는 자세가 필요하다. 이미 잘 안다고 믿으면 호기심이 생기지 않
는다.

"아는 것이 힘이다"라고 한 영국의 철학자 프랜시스 베이컨의 말처럼, 세상은 다양하고 지식은 무한하기 때문에 많이 아는 사람은 그만큼 분야가 넓어져 개인의 경쟁력이 커질 수밖에 없다. 즉, 지식은 탁월함을 얻는 원천이며, 탁월함은 우리가 험난한 세계를 헤쳐나갈 수 있는 기술이자 능력이다.

이처럼 영업뿐만이 아니라 모든 면에서 대강대강 하루하루 살아갈 것인가 아니면 남보다 앞서 갈 것인가의 선택에서 여러분은 어떤 선택을 할 것인가?

(인생에 연습은 없다. 그러나 준비할 수는 있다.)

또한 학습은 계속 바뀌는 룰을 배우고 플레이를 개선하는 작업이다. 그리고 학습의 또 한가지 중요한 역할은 바로 슬럼프에서 건져주는 역할이다. 그래서 다시 새롭게 배우는 일이 매우 중요하다. 아울러 학습(교육)에 대한 여러분의 투자는 향후에 충분한 보상을 안겨줄 것이다.

성공하고 자기다운 삶을 살기 위해서는 하드워킹(Hard Working)도 필요하지만 지금의 급변하는 경영 환경에서는 '지적 하드워킹'이 필요하다. 지적 하드워킹을 하기 위해서는 방법은 하나, 많이 공부(학습)하는 것이다. 학습을 통하여 자기 자신을 지속적으로 개혁하면서 지적 전투력을 향상시켜야 한다. 꾸준한 학습과 노력은 어떤 문제의 본질을 보는 능력을 배양시키는 밑바탕이 되기 때문이다.

이와 같이 학습 마인드가 있는 사람은 삶을 적극적으로 받아드리는 경향이 있다. 왜냐하면 학습에 초점을 맞추면서 미래를 바라보는(예측) 수단으로 과거를 이해하려고 한다. 이런 마인드가 있는 사람은 늘 낙관적이고 긍정과 가능성, 희망의 에너지가 넘쳐 흐르는 것을 많이 보았다.

사형을 일주일 남긴 소크라테스가 감옥에서마저 배움을 게을리 하지 않았듯이, 여러분들도 늘 꾸준한 학습과 자기 혁신을 통하여 자신의 가치와 전투력을 유지해야 한다.

자기 분야에서 최고가 되는 길은 '늘 배움의 길을 열어두는 것'이다.

비즈니스 정글에서도 배움에 목마른 사람이 성장하고 기회를 먼저 잡는다.

책은 과거의 등과 현재의 가슴, 미래의 눈을 가진 생명체이기 때문에 책을 통해서 많은 지식과 지혜를 얻을 수 있다.

독서는 자신의 가치를 높이는 훌륭한 수단이다. 또한 지식이 많은 사람은 늘 한 발 앞서 간다. 아는 것만큼 보이니, 보이는 것만큼 먼저 이루게 된다. 그리고 독서하지 않으면 생각의 깊이와 정보의 규합력이 떨어지게 된다.

'옛 선인들도 돈이 가득한 금고보다 책이 가득한 서재를 가지라고 권했다.' 그리고 '독서처럼 오래가는 기쁨도 없다'고 강조했다. '예로부터 남의 물건을 내 것으로 만들면 도둑이 되지만, 남의 지혜를 내 것으로 만들면 선각자가 된다'고 했다.

　지식은,

− 새로운 기회를 창출하고

− 문제를 해결하는 데 도움을 줄 뿐만 아니라

− 창의성을 촉진하고 개인적인 성장을 촉진하며

− 지식은 다양한 환경에서 자신감을 부여하며, 더 나은 사회적 연결과 이해를 가능하게 해준다.

　영업사원의 기본 자질 역량(성격 및 감성 역량)만으로 산업재 영업을 하기에는 턱없이 부족하다. 왜냐하면 다양한 고객을 만나 제품과 서비스를 판매하면서 높은 성과를 지속적으로 창출하기 위해서는 업무 수행 역량(고객과의 사회적 관계 형성 역량, 고객 요구 대응 역량 및 가치 제안 역량) 등등을 갖추기 위한 다양한 지식과 교양이 또한 필요하다.

　이것은 꾸준한 학습을 통하여 습득할 수 있으며 습득한 지식들은 개인의 지적 전투력을 키워 궁극적으로 자신의 경쟁력을 높임과 동시에 아울러 영업의 깊이를 깊게 하여 경쟁사의 영업사원과 차별화된 역량을 만들 수가 있다. 그래서 폭넓은 다양한 지식은 세일즈 성공의 핵심 요소이다.

　그리고 한 번 배운 지식이 금세 진부해지기에 '다시 새롭게 배우는 일'이 매우 중요하다. 꾸준히 학습하며 의미 있는 경험과 지식을 새겨 넣어야 할 것이다.

일반적으로 성공한 사람은 부지런하다. 이들은 끊임없이 배우고 노력해서 자신의 영역을 넓혀 나가 남보다 앞설 수 있었고, 성공할 수 있었다. 키신저는 어린 시절, 아버지로부터 "하루에 네 끼를 먹어라"는 얘기를 입버릇처럼 들었다. 밥 세 끼 먹는 일처럼 책 한 끼를 꼭 거르지 말라는 당부였다. 나폴레옹 역시 전쟁터에서조차 손에서 책을 놓지 않았다. 아무리 험한 전장에 나서도 책이 가득 든 마차, 즉 이동 도서관을 대동했다.

노벨문학상 수상자인 윌리엄 예이츠는 "교육이란 양동이에 물을 가득 채우는 작업이 아니라 불을 지피는 일"이라 했다. 정보를 모으고 학습을 통해 지식을 얻는 이유도 결국 나 자신에게 불을 붙이고, 불타게 하기 위해서이다. 정보와 지식을 쏘시개 삼아 결과를 내겠다는 것이다.

독서를 통하여 개인적인 성장과 동기부여를 얻을 수 있으며, 이는 지도자로서 지속적인 성장을 이끌어 내는데 중요한 역할을 한다.

여러분의 지적 전투력 향상을 위한 독서와 학습은 생각의 유연성을 갖게 해 궁극적으로 문제 해결을 위한 보다 낳은 의사 결정을 만들게 하고 결국에는 훌륭한 영업 결과를 창출하게 한다.

다시 말하지만, 운동과 영어와 독서는 나를 배신하지 않는다.

- 독서하는 습관은 중요한 습관이다.
- 새로운 것을 배우겠다는 열망(갈증)과 지적 호기심을 가져라.
- 생각의 유연성과 사고하는 능력은 다양한 책을 읽음으로써 가능해진다.

책을 읽는 습관은 지식과 통찰력을 향상시키는 데 도움이 되며, 지도자에게 다양한 이점을 제공할 수 있다. 그래서 책을 읽는 사람이 지도자가 되어야 한다.

그리고 책은 스스로의 울림으로 우리 인생을 변화시키고 감복하게 만든다. 어두운 곳에서 한 줄기 빛으로 뻗어오는 희망, 그것이 바로 책이며, 마음의 양식이다.

교양 서적(기초 인문학, 철학 서적 등)이 영업 사원에게 왜 필요해?

산업재 영업에도 반드시 교양과 격식이 필요하다. 아무리 제품에 대한 지식과 전문 능력이 있다고 해도 교양이 없거나 매사에 무지해서는 고객과 긴밀하게 관계를 형성하고 효과적인 소통을 유지할 수 없기 때문이다. 시대의 흐름에 맞추어 현재의 지식, 사고 방식과 행동을 비판적으로 검토하고 문제 해결 능력을 향상시켜야 하기 때문이다. 왜냐하면 고객과 경쟁의 환경이 지속적으로 변하고 있기 때문이다.

또한 지금 21세기는 영역을 넘나드는 크로스오버 인재가 필요한 시대이다. 즉, '영업 이외의 전문가로서의 깊은 전문성'을 가진 제너럴리스트로서의 폭넓은 지식을 갖고 있는 파이형 인재를 필요로 하고 있기 때문이다. 이러한 시대적인 변화가 요구하는 인재가 되기 위해서는 다양한 영역에 걸친 광범위한 지식을 스스로 습득하여야 한다.

인문학 공부가 필요한 이유는,

- **창의성과 문제 해결** : 창의성을 향상시키고 문제 해결 능력을 강화하는 데 도움이 된다. 즉, 다양한 관점에서 문제를 바라보고 해결할 수 있는 능력을 기를 수 있기 때문이다.
- **의사 소통 능력** : 인문학적 교육은 쓰기와 말하기의 기술을 향상시켜 효과적인 의사 소통 능력을 갖추게 한다. 이는 고객과의 상호 작용에서 중요하다.
- **사회 이해와 윤리** : 인문학은 사회적인 문제에 대한 이해와 윤리적 사고를 촉진시켜 책임감 있는 결정을 내릴 수 있다.
- **다양성과 문화 이해** : 인문학적 교육은 다양한 문화와 관점에 대한 이해를 높일 수 있어 글로벌 환경 하에서의 영업(해외 영업)에 도움이 된다.
- **역사적 인식** : 인문학은 역사를 통해 과거의 경험에서 배울 수 있게 하여 미래에 대비하는데 도움을 준다.

이처럼 여러분이 습득한 다양한 분야의 지식들이 융합되어 여러분의 의사 결정 시에 보다 합리적이고 현명한 결정으로 도출될 것이다. 여러 가지 장르의 책을 읽고 습득한 내용(지식)을 머릿속에 잘 정리(축적)해 놓으면 그 지식들이 잘 조합되어 지혜(통찰력)가 생겨나 어떤 문제 해결이나 새로운 아이디어 창출, 고객과의 관계 형성과 유지 등등 업무에 많은 힘이 될 수 있다. 지혜는 단편적인 지식으로 만들어지지 않기 때문이다.

아울러 책을 통하여 습득한 교양은 여러분들에게 유연한 지성을 키워줄 뿐만 아니라, 지성을 통하여 여러분을 다양한 역량을 갖춘 종합적인 전문가로 성장하는데 기여하여 여러분들의 탁월한 성과 창출에 기여할 것이고 궁극적으로 행복한 삶을 영위하는데 많은 도움을 주게 된다.

그리고 독서 노트를 만들어 놓으라 권한다. 왜냐하면 독서에서 얻은 지식들이 즉각적으로 업무에 연결되지 않는 경우도 있기 때문에, 즉 습득한 지식이 실제로 실용적인 가치를 생산할 때까지 시간차이가 있어 얻은 지식을 잊어 버릴 수 있기에 필요할 때 바로 찾아 참조하기 위한 장치가 필요한데 그것이 바로 독서 노트이다.

여러분의 취향에 맞는 책을 선택해 되풀이해서 깊고 날카롭게 읽고 이해하여 지식을 축적하면 훗날 요긴하게 사용할 수 있으리라 생각한다.

참고로 교양 서적은 당장 그 내용이 여러분의 비즈니스에 직접 연결되는 것은 아니지만 내 경험으로 나중에 어떤 형태로든 고객과의 대화, 부하 직원들과의 원만한 소통 그리고 인간 관계 형성에 많은 도움이 되어 주었다.

왜 역사학 서적이 필요한가는 '현명한 사람은 역사에서 배우고, 보통 사람은 경험에서 배운다'는 격언이 있다. 역사에서 배운다는 의미는 역사 속 인물 또는 사건을 거울로 나의 현재를 되돌아 보고, 미래로 나아가기 위한 지표로 삼을 수 있기 때문이다.

여러분들은 향후에 조직의 리더가 될 수 있기 때문에 역사적 인물로부터 리더십과 조직의 성공요인을 배울 수 있는 좋은 기회를 역사책에서 얻을 수 있기 때문이다. 온고이지신(溫故而知新), 가이위사의(可以爲師矣) : 지난 것을 연구하여 새로운 것을 알다. 이런 점에서 학자들은 '역사는 과거학이 아니라 미래학이다'라고 말한다.

나는 기차로 출장, 또는 항공기로 해외 출장 시, 나의 지적 전투력을 높이기 위해 출장 시에 2~3권의 책을 가져가 읽었다. 그래서 나는 나의 출장을 지식 여행이라고 정의했다.

13 멘토를 찾아라

사람은 사람을 통해서 가장 많이 배운다.

멘토는 경험이 풍부하며 지식이 풍부한 개인이나 전문가로, 특히 경험이 부족한 개인에게 지도와 조원을 제공하는 역할을 말한다.

멘토는 그리스 신화에 등장하는 인물의 이름으로 그 유래는, 기원전 1200년 트로이 전쟁 때 그리스 연합국 중에 소속돼 있던 '이타카'국가의 왕인 오디세우스가 전쟁에 출전하면서 자신의 어린 아들

텔레마코스를 가장 믿을 만한 친구에게 맡기고 떠났다. 왕의 아들을 맡은 그 친구의 이름이 '멘토'였다. 오디세우스가 전쟁에서 돌아올 때까지 왕의 아들을 친아들처럼 정성을 다해 훈육하면서 키웠다.

왕의 친구는 왕의 아들에게 때론 엄한 아버지가 되기도 하고 때론 조언자도 되고 자상한 선생도 되어서 아들이 훌륭하게 성장하는데 있어서 더할 나위 없이 커다란 정신적 지주의 역할을 충실히 잘 감당했다. 10년 후에 오디세우스 왕이 트로이 전쟁을 끝내고 다시 돌아왔을 때 왕의 아들은 놀라울 정도로 훌륭하게 성장했다.

그래서 오디세우스 왕은 자신의 아들을 그렇게 훌륭하게 교육시킨 친구에게 그의 이름을 부르면서, "역시 자네다워! 역시 '멘토(Mentor)'다워!"라고 크게 칭찬해 주었다. 훌륭하게 제자를 교육시킨 사람을 가리켜 멘토(Mento)라는 호칭이 유래되었다.

그 이후로 20세기 들어서 학자들이 멘토라는 그의 이름을 지혜와 신뢰로 '한 사람의 인생을 이끌어 주는 지도자'라는 의미로 사용하기 시작했다. 훌륭하게 제자를 교육시킨 사람을 가리켜 멘토(Mento)라고 하고 학습자를 멘티(Mentee)라 이름 지었다.

현대 사회에서는 우선 조직의 리더들이 멘토가 되어 주어야 한다. 그저 혼자 성공하는 것이 아니라 수평적으로 균형을 이루고, 수직적으로 끌어주는 적극적인 멘토 역할은 리더의 사명이다.

직장에서 왜 멘토가 필요한가?

1. 경험 공유 : 직장 선배의 멘토는 자신의 경험과 지식을 공유하여 후배에게 현실적이고 실질적인 조언을 제공해줄 수 있다.
2. 자아 개발 : 멘토는 학습자의 강점과 약점을 파악하고, 개인적인 성장 및 자아 개발에 도움을 준다.
3. 도전과 격려 : 멘토는 도전적인 상황에서 격려하고, 실패에 대한 긍정적인 시각을 제공하여 학습자를 지속적으로 독려해 준다.
4. 진로 지도 : 멘토는 진로에 대한 조언을 통해 학습자(Mentee)의 경력 개발과 전문성 향상을 도와준다.
5. 네트워킹 : 멘티에게 산업 내에서의 유용한 관계자들을 소개하고, 네트워킹을 통해 발전할 수 있는 기회를 제공해 준다.
6. 비판적 사고 개발 : 멘토는 비판적 사고 능력을 향상시키고, 다양한 시각에서 문제를 해결할 수 있는 능력을 유도해 준다.

사람이 배움을 습득하는 가장 강력한 방법은 사람이다. 사람이 가장 효과가 크고, 그다음이 직접 실행이고, 그다음이 책이다.

여러분의 성장을 위해 조직 내에서 인격적으로나 업무적으로 훌륭한 선배를 찾아 멘토로 모시라고 강력히 권한다.

14

팔로워십 :
리더의 파트너로서 팔로워

"남을 따르는 법을 모르는 사람은 결코
좋은 지도자가 될 수 없다."

-아리스토텔레스

최근 팔로워십에 대한 관심이 점점 높아지고 있다. 이제까지 직원들의 자질 교육은 주로 리더십 위주였다. 그러나 조직에 속한 모든 사람은 리더인 동시에 팔로어이다.

신입사원 여러분들은 여러분의 능력 여하에 따라 향후에 부하직원들을 지휘하는 미래의 지도자가 될 것이다. 부하 직원과 조직으로부터 인정받는 훌륭한 리더로 성장하기 위해서는 우선 우수한 능력 있는 팔로워가 되어야 한다.

구글이나 애플, 듀폰 등과 같이 불황 속에서도 건재한 기업들의 성공비결도 성공한 리더는 훌륭한 팔로워가 만든다고 나는 생각한다. 바로 직원들의 역량 있는 팔로워십에 있다.

팔로워십(Followership)이란?

팔로워는 독일 고어인 follazionhan으로 '돕다', '후원하다', '공헌하다' 등을 뜻하는 단어이다. 이 말과 대응되는 독일 고어 리더(leader)는 '고통받다', '참다', '견디다' 등을 뜻한다. 즉, 팔로워란 리더의 고통을 돕고 후원하는 사람이라고 정의할 수 있다.

팔로워십은 리더와 조화를 이루며 자기 주도적으로 일을 수행하는 팔로워의 태도와 능력이다. 탁월한 팔로워는 '헌신, 자기주도성과 열정, 실력, 조언, 조화'라는 팔로워십의 핵심 요소를 겸비함으로써 일터에서 성장하며 스스로 성공을 만들어 간다.

성공한 국내 기업뿐만 아니라 외국 기업, 그들의 핵심 성공 요소의 하나로 리더십보다 팔로워십이 잘 작동하고 있다. 우수한 팔로어들은 그들의 리더와 잘 소통하고 조화를 이루며 리더에 의존하지 않고 자기 주도적으로 일을 수행하며 리더의 성공(조직의 목표)을 적극적으로 돕는다.

나의 경험으로 보았을 때, 조직에는 4가지 유형의 팔로워들이 있다.

- 상사의 지시에 무조건 따르는 Yes/Yes 유형(무기력한 아부형)
- 상사의 지시에 거의 부정하며 방관하는 No/No 유형(냉소형)
- 상사의 지시에 No/ Yes하는 유형
- 상사의 지시에 Yes/No하는 유형(리더에 도움을 주는 해결사형)

조직에서는 상사의 지시가 설사 현재 상황에 맞지 않는다 해도, 우선 긍정적인 태도(Yes)로 검토하겠다고 답변하고, 상사의 지시 사항을 잘 분석한 뒤에 상사의 의견에 반박(No)이 아닌 보다 나은 대안으로 상사에게 건의하는 Yes/No 맨이 진정 유능한 팔로워가 아니겠는가.

팔로워십에 대한 학술적 정의는 여러 학자들에 따라 다소 다르지만, 공통점은 '리더를 잘 보좌하면서 자기 주도적으로 업무를 처리하며 리더가 더 나은 결정을 내리고 성공할 수 있도록 최대한 지원하는 팔로워의 태도와 능력이다'라고 얘기하고 있다.

팔로워십은 1949년 여성학자 폴렛(Ms, Follett)이 처음으로 제시하였으며, '리더와 팔로워 간의 관계는 지배나 통제, 복종의 관계보다는 팀이나 조직이 직면한 어떤 상황을 해결하고 풀어갈 수 있도록 상호 간의 영향력을 발휘하는 중요한 관계다'라고 정의했다.

여러분의 이해를 돕기 위하여 팔로워십에 대한 다른 학자들의 견해를 보면,
- 샬렛프(Chaleff, 1995) : '팔로워가 리더와 비전을 공유하며 리더

와 조직이 성공하기를 바라면서 조직에 참여하는 과정'

- 아그호(Agho, 2009) : '조직의 목표를 성취하기 위하여 상사의 노
력을 지원하고 상사의 지시에 능률적이고 주도적으로 따르는 개
인의 능력'
- 켈리(Kelly, R. E, 1998) : '리더와 함께 조직의 목표를 달성하기
위하여 비판적인 사고와 능동적인 참여로 업무를 수행하는 과정'

조직의 성과

리더십(Leadership)

팔로워십(Followership)

조직의 성공에 있어서 리더가 기여하는 것은
많아야 20% 정도이고, 그 나머지 80%는
팔로워들의 기여로 볼 수 있다.

"켈리(Kelly)는 조직의 성공에 리더의 기여도는 대략 20%이며,
나머지 80%는 팔로워의 기여라 하였다. 이처럼 조직의 성과는 리
더 혼자 이룰 수는 없고, 팔로워들이 리더와 조화를 잘 이루며 업무
를 잘 처리하여야 성공할 수가 있다.

이러한 우수한 팔로워십은 조직의 성공뿐만이 아니라, 팔로워
개인의 성공에도 중요한 핵심 성공 요소가 된다. 이처럼 자기 주도

적으로 부여된 일을 성공시킨 팔로워 때의 경험은 더 큰 성공을 이끌고 향후에 조직의 리더가 되어서 더 큰 성공을 만들어 낼 수가 있다. 결국 팔로워십은 조직과 여러분 개인의 핵심 성공요소(Key Success Factor)이다.

팔로워의 유형

유능한 팔로워가 되기 위해서는 여러분 스스로에게 나는 어떤 유형의 팔로워인가 인식하고 부족한 점(Development Gap)을 빨리 개선해야 할 것이다.

케리의 팔로워십 유형 분석

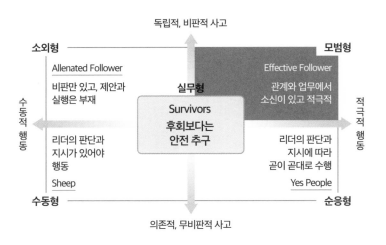

유능한 팔로워가 되기 위해서는 아래의 역량을 갖추어야 한다.

- 헌신 : 범사(凡事)에 감사하며, 코 앞의 이익을 따지지 말고 조직을 위해 내가 먼저 무엇을 할 것인가 우선 생각하라.
- 조화 : 리더의 파트너로서 긍정적인 마인드로 상사와의 차이점이 아닌 공통점을 찾아라.
- 실력 : 팔로워가 문제 해결에 꼭 필요한 능력으로 의욕보다 실력이 더 많은 것을 만든다. 꾸준한 자기 개발이 절대적으로 필요하다. 실력 있는 팔로워는 조직에서 꼭 필요한 인재로 인정받음과 동시에 미래의 훌륭한 리더로 성장할 수 있다.

  Ex) 1만 시간의 법칙(1만 시간의 훈련과 노력)
- 대안 제시 : 문제 해결에 도움을 줄 수 있는 대안은 리더의 마음을 움직이게 한다.
- 자기 주도성 : 주인 정신, 목표, 도전 정신, 왜(Why)가 아닌 어떻게(How)로 접근

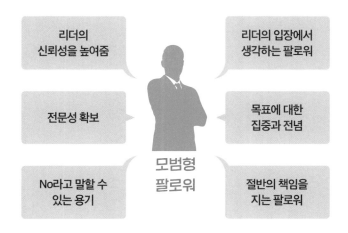

나의 지난 직장 생활을 반추하면서, 내 조직에서의 나의 성공의 요소(success factor)가 무엇이었을까? 스스로 질문해 본다.

　　나 역시 나의 상사의 의중(목표)을 이해하고 충실한 팔로워로서 긍정적인 태도와 적극적으로 업무를 수행하여 주어진 목표를 달성하면서 상사의 성공을 도운 점이라 생각한다.

Part

2

산업재
마케팅

산업재 영업은 마치 긴 여정의 결혼 생활과 같다.
고객과 함께 즐거움도 있고, 위기의 순간도 있지만
고객과 함께 믿음과 사랑을 가지고 슬기롭게 그 위기와 어려움을 극복하며
긴 시간을 같이 하기 때문이다.

01 산업재 영업사원이 갖추어야 할 필수 자질

영업은 결과로 얘기한다. 나는 영업사원은
치열한 경쟁에서 결과를 내는 사람이다라고 정의한다.

산업재 영업사원은 전문성과 신뢰가 경쟁자를 제압할 수 있는 최대의 강력한 무기라고 강조한다. 왜냐하면 경쟁이란 살아 남으려는 지속적인 투쟁이기 때문이다.

능력과 신뢰가 밑받침이 되어야 고객과의 관계가 지속될 수 있고 새로운 고객을 지속적으로 창출할 수 있다. 고객들은 신뢰할 수 있는 기업이나 서비스에 더 많은 관심을 기울이며, 신뢰를 기반으로 한 관계는 장기적인 고객 유치에 기여한다.

영업은 아무나 하는 것이 아니다. 성격이 명랑하다고, 술 잘 먹는다고, 인간성이 좋다고… 그러한 요소들은 영업에 필요하기는 하다. 그러나 산업재 영업에서 성공하기 위해서는 영업사원이 기본적

으로 갖추어야 하는 필수(必須) 자질이 있다. 그것은 다양하지만, 그
중 주요한 사항들은 아래와 같다고 생각한다.

- **사명감과 자긍심을 가져라(내 이름 석자가 브랜드이다!)** : 내가
  판매하는 제품이나 서비스가 브랜드가 아니라 내 이름이 브랜드
  이다. 즉, 제품이나 서비스보다 우선 자기 자신을 고객에게 팔
  아라!
- **긍정적인 태도** : 낙관적이고 긍정적인 태도를 유지하여 어려움에
  대처하고 성공을 추구하는 자세가 필요하다.
- **목표 지향성** : 명확한 목표를 가지고 그에 대한 계획을 수립하고
  실행하는 능력
- **승부 근성(根性)** : 정성을 다하여 바치는 마음
- **리더십과 동료 협력** : 팀 내 협업 능력과 동료들을 이끌 수 있는
  리더십
- **정직과 신뢰성** : 고객과의 신뢰를 쌓기 위해 약속을 지키고 일관
  된 성과를 유지
- **고객 이해** : 고객과 긴밀한 관계를 유지하며 고객의 숨겨진 니즈
  를 잘 파악하는 능력
- **커뮤니케이션 능력** : 효과적인 언어와 소통 기술은 영업 사원의
  핵심 능력 중의 하나로 고객을 이해하고 설득할 수 있는 능력
  이다.
- **문제 해결 능력** : 고객의 문제를 신속하게 파악하고 해결하며, 고

객으로부터 신뢰를 쌓아나가는 능력

· 유연성과 적응력 : 빠르게 변하는 시장 환경에 적응하고 유연하게 대처할 수 있는 능력 필요

· 인내와 인내심 : 거래가 성사되기까지 시간이 걸리는 경우가 많으므로 포기하지 않는 인내심(never give up)이 필요하다.

상기 사항들을 차분히 생각해 보면서, 현재 자신이 부족하다고 생각되는 사항을 종이 위에 적어본 뒤 어떻게 개선/계발해야 할 것인지에 대한 방안들을 마련한 후에 끊임없이 실행하여야 한다.

그러한 여러분의 애쓴 시간과 노력은 결코 여러분을 배반하지 않고 내공(內功)으로 쌓여 훌륭한 결과(우월한 개인 경쟁력과 탁월한 영업 실적)로 돌아오리라는 것을 나는 확신한다.

02 산업재 마케팅이란?

고객 하나하나에 특화(customized)된 마케팅 활동이 요구된다.

특 징

	소비재 마케팅 (Consumer Marketing)	산업재 마케팅 (Business Marketing)
고 객	분산된 다수 → 시장점유율 (단순 판매 → 단기적 거래)	집중된 소수 → 고객점유율 (고객 유지 → 장기적 관계)
구 매	개인/가족	조직(구매 센터)
제 품	표준화(제품 특징)	기술적 복잡성(제품 효익)
가 격	정찰제	협상/입찰
유 통	유통상(도소매상)	직접 유통(주문 생산), 파생 수요

영업이라는 기본적인 측면에서는 소비재 영업(B2C)과 산업재 영업(B2B)은 같아 보이지만, B2B 비즈니스는 소비자를 직접 상대하

는 것이 아니라 기업, 정부기관, 학교 등의 조직 구매자(organizational buyer)를 고객으로 제품이나 서비스를 판매하는 것으로 B2B 시장에서의 고객은 개인소비자 고객에 비해 소수인 B2B 고객 전략적 중요성은 상대적으로 훨씬 더 크며 고객 하나하나에 특화된 마케팅 활동이 요구된다. 그래서 B2B 마케팅에 대한 전문적이고 체계적인 이해가 필요하다. 특징으로는

a) 고객과 시장의 역할 면에서 전혀 다르며

b) 단위 거래 규모가 일반적으로 크거나 막대하다.

c) 구매 필요성을 인식하는 시기로부터 최종적으로 구매 행위가 이루어지기까지의 리드 타임이 길다. 나의 경우 인천 영종도 신공항 프로젝트의 경우 거의 8년이라는 기간을 준비하며 기다렸었다.

d) 구매과정에 참여하는 이해 관계자들(Buying Center)이 많고 다양하다. 즉, 판매자나 구매자는 단일 주체로 간주하기 어렵다.

e) 제품의 복잡성이 많은 경우, 그 성능을 평가하기 어렵다.

이와 같이 산업재의 기술적 복잡성, 거래 규모, 경기의 불확실성 등의 위험 부담을 줄이기 위해서 구매 과정에 산업재의 특징인 다수의 의사 결정 참여자(조직 구매자)들이 존재하고 그들의 공통적인 니즈와 특성을 정확히 파악하고 만족시킴으로써 고객의 가치 창출을 도와 궁극적으로 소비재 영업과는 다른 산업재 비즈니스의 핵심

인 장기적인 거래 관계를 맺는 것이 중요한 관건이다.

산업재 영업은 고객과의 직접접촉(face to face)을 통하는 인적요소가 큰 영향을 미치기에 경쟁 기업보다 깊게 고객의 마음속으로 파고 들어가서 신뢰를 쌓으면서 고객과의 관계를 심화시켜 고객의 보이지 않는 진정한 심층 니즈를 파악하여야 한다. 상품이나 서비스를 판매하고 아울러 자사 제품과 서비스를 경쟁사보다 빨리 향상시키고 그 고객들과의 긴밀하고 지속적인 관계를 유지하는 것이 무엇보다 중요하다. 그래서 다양한 고객과의 관계(Relationship)가 소비재 영업과 달리 절대적으로 필요하다. 결국 세일즈와 마케팅은 제품의 전쟁이 아니라 인식의 전쟁인 것이다.

CRM(Customer Relationship Management), 즉 인적관계 중심 영업, 이 점이 산업재 영업(B2B)의 핵심 성공요소(Key Success Factor)이다. 경제 상황이 항상 좋지 않을 때도 있다. 그러나 상황이 바뀐다고 인간의 본성까지 변하는 것은 아니다. 개인과 기업 소비자는 모두 믿고 존중하는 사람에게서 구매한다. 즉, 영업사원의 열의가 지속적으로 고객에게 전해져서 궁극적으로 영업사원에 대한 고객의 감정적 호감이 매출로 이어지기 때문이다.

시장에서 살아남기 위한 치열한 경쟁 상황에서 아래의 5가지 경쟁 무기가 필요하다.

5가지 경쟁 무기(5 Marketing Arms)

- 가격 (Price)
- 품질 (Quality) ─┐
- 안정적인 공급 (Delivery) ─┤ 기본
- 유연성 (Flexibility) ─┘
- 영업사원에 의한 차별화 (Service by Sales Person)

경쟁 시장에서 제품의 가격, 품질, 공급은 시장에서 살아남기 위해서 경쟁사도 가지고 있는 기본적인 필요 요건이지 충분 요건은 아니다. 결국 살아남기 위한 시장우위 확보를 위해 경쟁사와 차별화되는 그 무엇인가가 절대적으로 필요하다.

그 차별화 요소는 무엇일까?

나는 그것은 바로 영업사원(인적요소)에 의한 차별화이다라고 자신 있게 말할 수 있다. 이것이 산업재 영업에서 경쟁자를 제압할 수 있는 강력한 무기이다.

그래서 조직 리더십은 영업사원의 기본 자질 역량 이외에 업무 수행 역량 중 중요한 요소인 고객과의 긴밀한 관계 형성을 어떻게 만드는가에 대한 교육(사내, 사외)을 통하여 개발시켜 주어야 할 것이다.*

---

* 산업재 영업에서 서비스가 구매 의사 결정에 미치는 영향에 관한 연구, 이창주 1994. 2 연세대학교 경영 대학원

높은 고객 만족(Customer Satisfaction)과 고객 충성도는 공급하는 제품과 서비스에 기인하겠지만 그에 앞서 한층 세련된 표현 기법과 고객의 마음을 움직이게 하는 설득력, 친화력 그리고 자신감에서 나오는 당당함을 가진 영업사원의 인적요소에 의한 차별화가 큰 결정적인 경쟁 무기가 되기 때문이다.

충성스러운 고객은 여러분의 제품이나 서비스를 지속적으로 선택하고 이용하며, 긍정적인 평가를 보내준다.

이처럼 대부분의 구매는 기본적으로 인간관계를 바탕으로 한다. 이처럼 고객과의 긴밀한 관계를 형성하기 위해서는 고객의 관심사, 취미, 가족 관계 등의 개인적인 요소에 대한 정보도 수집하고 있어야 한다. 이러한 요소(공통점)들을 잘 활용하여 고객과의 공통점이 구체적일수록, 또 특별할수록 쌍방의 사회적 거리감을 좁히기 쉽다.

그래서 여러분은 고객과의 연결고리를 만들기 위한 사전 작업, 즉 나도 알고 고객도 아는 친구라든지, 좋아하는 취미(등산, 낚시, 운동), 음악, 영화 등 확실한 공통의 연결고리가 많을수록 더욱 가깝게 느껴지게 마련이다.

처음 방문하는 고객의 경우 사전에 '밑 작업'이 필요하다.

방문 전에 그 고객에 대한 연결고리를 알아낸 후 방문 시에 대화의 시작단계에부터 사전에 알아낸 연결고리에 관한 이야기(예를 들어 고객이 좋아하는 야구팀이 주말 경기에 이겼을 경우, 그 팀 칭찬을 한다든지)를 언급하면 호감을 불러 일으켜 상당히 부드러운 분위기로 다음 대화로 이어갈 수 있을 것이다.

그 외에도 평소 산업 동향이나 업계 뉴스에 주의를 기울이고 다양한 분야의 지식을 쌓는 것도 한 방법이다. 이렇게 기본 지식들을 쌓아 놓으면 고객들과 대화 주제가 풍성해져 고객과 훨씬 유의미한 대화를 통해 훌륭한 상담을 할 수가 있다.

이처럼 고객과 좋은 기억에 남는 느낌을 주는 연결고리는 다음에 고객을 만났을 때 그때 그 기분으로 되돌려주는 가장 확실한 도구가 될 것이며, 아울러 고객의 감정 은행에 여러분에 대한 신뢰도가 한층 높아져 좋은 관계가 형성되고 오래도록 지속되게 만들 수 있다.

아울러 산업재의 특징의 하나인 장기적인 거래에서 고객사의 성장에 따라 아울러 담당자들도 성장(진급)하면서 영업담당자도 같이 성장하게 되고, 개인적인 관계도 더욱 심화되어 일에 즐거움을 더하게 되는 것 그리고 업무관계를 떠나서도 예전 고객과도 지속되는 다정한 인간 관계가 산업재의 커다란 그리고 보람 있는 호감이라 할 수 있겠다.

고객의 감정 은행
토끼는 귀를 잡아야 하고, 고양이는 목덜미를 잡아야 쉽게 사로

잡듯이, 사람은 마음을 사로잡아야 한다.

여기서 표현한 고객 감정 은행 계좌란(아래 그림 참조) 인간 관계에서 구축되는 신뢰의 정도를 표현한 것으로, 영업사원이 고객에게 공손하고, 친절하고, 정직하고, 전문성을 가지고 약속을 잘 지킨다면 여러분은 고객의 감정 은행에 저축(영업사원의 신뢰와 가치를 예입)하는 것이다. 그러면 고객이 여러분에게 갖는 신뢰도가 높아지기 때문에 여러분은 필요할 때(문제 해결, 가격 협상 등등)마다 그러한 신뢰에 의지할 수가 있다.

고객 감정 은행

고객 감정 은행의 신뢰 구좌란? 현금을 입금하는 은행과 달리 여러분의 신용이 예입되는 신용구좌를 말한다.

예입	인출
친절	불친절
존경	무례
기대감	실망감
사과	불성실한 사과
충성심	불성실(불충)

영업사원의 능력, 진실성, 정직성, 책임감 등에 대한 신뢰는 고객과의 상호작용과 협력의 기반이 된다. 이 영업사원이라면 뭔가 해결책을 제대로 제시해줄 것 같은 신뢰와 공감을 통하여 고객과의 믿음은 하나둘씩 쌓여 간다.

고객들은 신뢰할 수 있는 기업이나 서비스에 더 많은 관심을 기울이며, 신뢰를 기반으로 한 관계는 장기적인 고객 유지에 커다란 기여를 한다.

이처럼 신뢰의 정도가 높으면(감정 잔고가 많으면) 여러분과 고객의 의사 소통은 쉬워지고 즉각적이며 효과적일 수 있다.

실력도 없고, 고객과의 약속을 제때에 지키지 못하고, 불친절(예의 없음) 등의 계속되는 실망은 고객이 여러분에게 가지고 있던 감정 은행 계좌는 잔고(신뢰 수준)가 점점 소진되고 바닥이 나게 되어 결국에는 거래는 단절되고 심지어 출입정지 상태까지 이를 수가 있다는 점을 명심해야 한다.

이렇게 고객과의 장기적인 친밀한 관계가 산업재(B2B) 마케팅에서는 자사의 중요한 경쟁우위의 요소가 되며, 반면에 경쟁사에게는 높은 진입의 장벽이 될 수가 있다.

그래서 고객의 감정 은행에 지속적인 예입이 필요하다.

프로 정신(Professionalism)

이러한 다수의 의사 결정자들의 다양한 니즈를 만족시켜 주기 위하여 영업사원은 단지 가격만을 제공하는 단순한 임무가 아닌 해당 제품과 그 산업에 대한 전문적인 지식과 경험(전문성)을 가지고 고객과의 정보 교환을 통하여 고객의 기술적인 이슈나 문제를 해결해 주기 위해 경쟁사와 차별화된, 다시 말해 다른 경쟁사들이 제공할 수 없고 자사만이 제공할 수 있는 가치 제안(Value Proposition)을 할 수 있는 전문가(Solution Provider)가 되어야 한다.

즉, 많은 지식과 지혜와 좋은 대인 관계를 갖춘 프로페셔널 영업 사원이 요구된다. 아마추어는 일을 누가 시켜서 시시하게 하고, 전문가(Professional)는 자신의 일에 의미와 가치를 부여하면서 탁월함을 만든다.

한마디로 프로 의식을 가져야 한다. '프로(Pro)'는 전문가를 뜻하고 '의식'은 깨어 있는 상태에서 자기 자신이나 사물에 대하여 인식하는 작용을 말한다.

즉, 프로 의식이란 '자기 자신을 전문가로 인식하는 상태를' 말한다. 프로는 그 분야에서 일을 특출하게 잘 하는 사람일 뿐만 아니라 아름다운 의식을 겸비한 사람이기도 하다.

프로 의식을 가진 사람은 자세부터 다르다. 프로와 아마츄어는 동일한 상황을 대하는 태도도 다르다. 프로는 '~그럼에도 불구하고'라고 얘기하지만, '아마츄어는 ~이기 때문에'라고 답한다. 이는 자아 도취가 아니라, 다른 사람들이 자신을 진정한 전문가로 인식할 수 있도록 스스로를 인지하는 그릇이 크다는 뜻이 담겨 있다.

그리고 프로는 조직의 성과와 공헌에 대한 책임 의식(결과로써 기여하겠다)을 지고 앞서 실천해 나가는 사람이다. 끝장 정신을 놓지 않고 앞서서 얼음을 깨는 자세가 바로 프로의 자세이다.

이와 같이 주요 고객과 친밀한 관계를 구축하고 구매 의사 결정 조직인 구매센터(Buying Center) 구성 부서의 각기 다른 진정한 니즈를 이해하고, 니즈의 해결을 위한 대체 안을 수립, 검토하여 제안을 하고 결과(Sales)를 만들기 위해서는 산업재 영업요원 단독으로는 불가능하다. 그래서 자사의 기술부문 부서의 제품 판매 전과 판매 후의 기술지원과 회계부문(판매 가격 산정)의 지원을 요청하여 고객의 질문과 요구에 대응하여야 한다.

산업재의 특성에 대하여 위에서 언급했듯이, 인적 중심(영업사원)의 역할이 중요한 요소이다. 즉, 우리의 모든 일상사가 인간 관계에 의하여 돌아가기 때문이다. 고객 역시 비즈니스 측면만 관심을 가지고 있는 것이 아니라 인간적인, 그리고 사회적인 속성도 가지고 있다. 따라서 영업사원은 이러한 두 가지 측면에 호소해야 훌륭한 성과를 달성할 수 있다. 구매자 자신은 이성(논리)에 근거해 결정했다고 하겠지만 사실은 그들의 의사 결정이 이성과 감성 모두에 의해 좌우되고 있기 때문이다.

다시 강조하지만, 세일즈와 마케팅은 제품의 전쟁이 아니라 인식의 전쟁인 것이다. 이것은 시장에서 최초가 되기보다는 여러분이 고객의 기억 속에서 최초가 되는 것이 중요하다.

명심하라 : 결국 세상은 인식하기 나름이며 세일즈와 마케팅에서 중요한 것은 오직 고객의 인식뿐이라는 것을….

03 전략의 이해

전략은 경영의 한 분야로 기업의 장기적이고 전반적인 방향을 나타내는 것으로, 단기적인 전술이나 일상적인 업무와는 다르다.

영업사원은 전략에 대하여 충분한 지식과 이해를 하고 항상 전략적인 마인드를 가지고 영업에 임해야 한다. 아울러 관리자로 진급되고, 중역으로 승진하여도 전략의 이해는 필수적으로 중요한 요소이기 때문이다.

신입사원이거나 타 업무에서 영업직에 배치된 경우, 대다수가(경영학 전공자 제외) 전략에 대하여 교육이나 별도로 학습하지 않은 경우를 많이 보았다.

영업은 또 다른 이름의 전쟁(Commercial War)이기 때문에, 이 전쟁에서 승리하기 위해서는 이기기 위한 많은 요소들이 필요하다. 그중의 한 중요한 요소가 승리 전략(Winning Strategies)이다. 그래서 영업사원은 전략에 대한 충분한 이해와 전략의 실행에 대하여 알아야 한다.

전략 마인드(Strategic Mind)란, 변화가 의미하는 바가 무엇인가를 읽어내는 마음의 눈으로 조상들은 이를 혜안(慧眼)이라 하였다.

여러분이 추가적으로 전략에 대하여 더 많은 스터디를 하기 바라며, 간략히 전략에 대한 기본적인 사항에 대하여 설명코저 한다.

• 전략은 특정 목표를 달성하기 위해 수립된 계획이나 방법을 나타내며, 비즈니스에서는 전략이 주로 기업의 장기적인 목표와 성과를 달성시키기 위한 행동 계획으로 사용되는 지속적인 과정이다.

전략은 환경분석, 자원 할당, 실행 계획 등을 포함하여 종합적인 방향성을 제시하며, 조직이 경쟁에서 우위를 차지하고 지속적인 성공을 위해 어떻게 움직일지를 결정하는 중요한 개념이다.

• 영업 전략은 기업이 제품 또는 서비스를 성공적으로 판매하고 시장에서 경쟁력을 유지하는 데에 중요한 역할을 한다.

효과적인 영업 전략은 시장 조사, 목표 설정, 고객 이해, 가격 정책, 마케팅 등을 종합적으로 고려하여 기업의 비즈니스 목표를 달성하는 데 도움을 준다.

이를 통해 고객 유치, 유지, 그리고 매출 증대 등 다양한 목표를 달성할 수 있다.

- 전략의 수립

   전략의 기본 요소는 다양하나, 주로 아래와 같은 핵심의 요소들로 구성된다.

① **목표 설정** : 전략은 명확하고 현실적인 목표를 가지고 시작되어야 한다. 목표는 기업이나 조직이 달성하고자 하는 최종적인 결과물 또는 성과를 나타낸다. 목표 설정을 위해서, "우리는 어디로 가야 하는가? 그리고 우리는 어떻게 거기에 도달할 수 있는가?"라는 질문이 제기되어야 한다.

② **환경 분석** : 기업은 환경과 분리되어 생존할 수 없는 실체이기 때문에 환경 변화를 통찰하고 이에 맞는 경영 전략을 수립하여 대처해야 하다. 즉, 외부 환경 및 내부 환경을 분석하여 시장 동향, 경쟁 상황, 기술적 요소, 조직의 강점과 약점 등을 이해하는 것이 중요하다.

③ **자원 할당** : 전략을 실행하기 위해 필요한 자원(인력, 자금, 기술 등)을 적절하게 할당하고 활용하는 것이 중요하다.

④ **우선 순위와 계획** : 목표를 달성하기 위한 우선순위를 정하고 구체적인 계획을 수립해야 한다. 이 단계에서 전략이 세부적인 실행 계획으로 전환된다.

⑤ **조직 내 의사소통 및 협업** : 전략은 조직 내부에서 효과적인 의사 소통과 협업을 필요로 한다. 팀 간, 부서 간의 원활한 소통은 전략의 성공에 중요한 역할을 한다.

⑥ 모니터링과 평가 : 전략의 진행 상황을 지속적으로 모니터링하고 평가하면서 성과를 측정하고 문제가 발생하면 조치를 취할 수 있도록 해야 한다.

⑦ 학습과 개선 : 경험을 통해 학습하고, 성과를 평가하여 전략을 지속적으로 개선해 나가는 능력이 필요하다.

이러한 기본 요소들을 종합적으로 고려하여 수립된 전략은 기업이나 조직이 비즈니스 목표를 달성하고 지속적으로 성장하기 위한 척도가 된다.

여기에서 중요한 사항은, 경쟁사도 영업 전략을 작성한다. 때로는 경쟁사의 전략이 우월할 때도 있다. 그러나 중요한 사항은 누가 과연 신속하고 저돌적으로 전략을 시행하느냐가 영업의 성패를 가름한다.

물론 초기의 전략과 전술의 대부분은 사무실에서 작성된다. 그러나 전략의 수정은 실행하면서 바깥(고객이 있는 현장)에서 이루어져야 한다. 왜냐하면 전략은 내·외부 환경의 상황에 따라 수정을 해야 하기 때문이다.

나는 매사에 선사후행(先事後行)보다 선행후사(先行後事)를 택했다. 30% 정도 계획(plan)이 완성되면 전술을 세워 바로 실행에 들어갔다. 실행을 하다 보면 목표 달성을 위해 강력하게 집중하게 되고 변화하는 외부환경에 즉각 대응하기 위한 전략의 수정으로 승기(勝氣)를 잡을 수 있기 때문이다.

영업 목표 설정

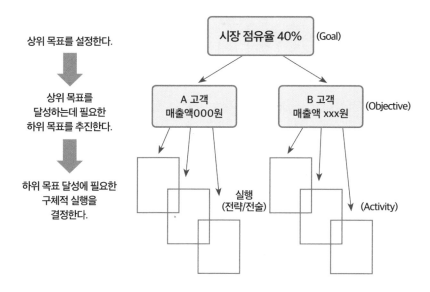

- 상위목표(goal)는 전략목표(시장점유율 또는 매출액)
- 하위목표(objecttive)는 상위목표를 구성하는 목표로서 예를 들어 A고객 ○○○원 매출, B고객 ×××원 매출이라는 상위목표 달성을 위한 세부사항이다.
- '실행'은 목표를 수행하기 위한 전술(행동이나 절차)로 PDCA(파트 3 13. 주기적인 PDCA 점검 참조) 사이클로 관리할 수 있다.

목표설정 시 필수사항

1) 목표설정을 단순하게 하라.
   - 목표고객을 상대로 무엇을 성취해야 하는지 간단하고 명확히 알 수 있어야 한다.

2) 목표는 자주 수정되어야 한다.

- 고객목표를 설정할 경우 처음부터 정확성이나 현실성을 갖출 확률은 낮다. 이후 세일즈 사이클이 진행되는 과정에 고객에 대한 정보가 늘어나면 현실적인 목표를 설정할 기회도 더 늘어나기 때문이다.

04 구매센터의 이해

- 산업재의 구매결정 과정은 소비재에 비해 복잡
- 복잡성 때문에 조직 내 다양한(많은) 부서가 구매결정 과정에 참여
- 전문적인 구매 조직 존재

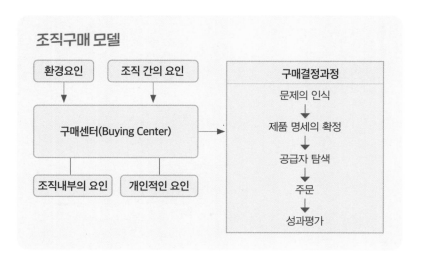

조직구매 모델

환경요인	조직 간의 요인

↓　　　　　↓

구매센터(Buying Center) →

조직내부의 요인	개인적인 요인

구매결정과정

문제의 인식
↓
제품 명세의 확정
↓
공급자 탐색
↓
주문
↓
성과평가

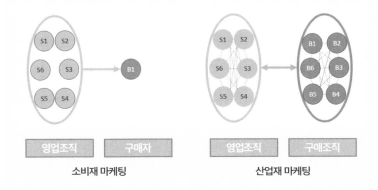

구매센터(Buying Center)의 이해

소비재 마케팅

산업재 마케팅

위 산업재의 특징에 대하여 설명했듯이, 구매의사 결정조직인 구매센터(Buying Center)에 대한 이해가 필요하다. 고객의 구매센터 에는 구매, 생산, R&D, 재무, 회계, 영업, 최고 경영진 등의 다양한 부서가 관여하며 구매 조직의 구성원 역할은

a) 실제 사용자(users) : 사용자란 구매하는 제품이나 서비스를 실 제로 사용하는 조직의 모든 구성원을 말한다. 대부분의 경우 생 산부서가 되며, 사용자는 구매 계획을 시작하고 구매명세서를 작성하는 과정에서 중요한 역할을 수행한다.

b) 구매자(buyers) : 구매자는 공급업체를 선정하고 구매 조건을 조 정하는 공식적인 권한을 가진 구성원을 말한다. 구매자는 제품 구매명세서를 작성하는데 도움을 주기도 하지만, 주로 공급 업 체를 선정하고 구매 조건을 협상하는 수행을 한다. 구매자는 산

업뿐만 아니라 구매하는 제품에 대한 많은 정보와 지식을 가지고 있다. 그래서 영업사원은 구매자보다 더 많은 정보와 지식으로 무장해야 할 것이다.

c) 영향력 행사자(influencers) : 영향력 행사자란 직접, 간접적으로 구매 의사 결정에 영향을 미치는 조직의 구성원을 말한다. 영향력 행사자는 때때로 구매명세서를 작성하는 과정에서 협력을 하며, 구매 대안을 평가하는데 필요한 정보를 제공하기도 한다. 특히 기술요원은 영향력 행사자로서 아주 중요하다.

d) 정보 통제자(Gate Keeper) : 정보 통제자란 다른 사람들 사이에서 구매와 연관된 정보의 흐름을 통제하는 조직의 구성원을 말한다. 예컨데 산업재 구매자의 실구매자나 구매결정자는 공급업체의 영업사원이 사용자를 접촉하는 것을 통제할 권한을 가지고 있을 수도 있다. 정보 통제자는 기술 요원으로부터 비서, 안내 데스크 요원에 이르기까지 다양한 구성원들이 포함될 수도 있다. 이들의 가장 중요한 영향력은 구매 대안에 대한 정보의 흐름을 통제할 수 있는 그들의 능력에서 비롯된다.

e) 최종 의사 결정권자(decider) : 의사 결정권자는 조직 내에서 구매결정에 지대한 영향을 미치는 주체로서, 제품 또는 서비스 구매와 관련하여 조직의 목표를 달성하기 위해 책임을 지고 결정을 내리는 역할을 한다. 영업사원뿐만 아니라 여러분 회사의 임원이 최종 의사 결정권자와 친밀한 관계가 형성되어 있을 때 의사 결정권자에게 여러분 회사에서 무엇을 어떻게 고객사에 이득

을 드릴 수 있는지를 설명하고 설득하게 되면, 생각보다 큰 긍정적인 반응(도움)이 나올 수 있다. 결국 세일즈 결정은 언제나 위쪽에서 시작되기 때문이다.

이처럼 고객의 구매조직(Customer Buying Center)을 잘 파악하지 못하면 판매에 성공을 할 수가 없다. 그러기 위하여 고객사 내에 광범위하고 친밀한 네트워크를 형성하기 위하여 관련 부서를 자주 방문하여 의사 결정에 참여하는 다양한 관련자들(전문 구매 조직)의 역할과 표출되지 않는 니즈에 관한 정보를 수집, 분석해야 한다.

수집한 정보를 세밀히 해석한 후에 고객의 구매 타이밍을 잘 파악한 뒤 적시에 경쟁사보다 우월한, 고객에게 꼭 필요한 가치의 제안(Value Proposition)을 해야 성공할 수 있다.

아울러 위의 도표에서 보듯이 고객의 전문 구매조직(Buying Center)에 대응하기 위해서는 영업사원 혼자서는 사업을 원활이 성사시킬 수 없다. 그래서 공급자의 영업부서와 생산, 엔지니어링, R&D, 고위 임원 등 전사적인 참여(통합적 마케팅)가 필요하다.

아울러 공급자의 R&D 직원은 고객사의 R&D 직원과 친밀한 관계를 유지한다면 비즈니스 결과는 어떠리라고 여러분은 생각하겠는가? 당연히 경쟁사보다 높은 시장 점유율을 유지하게 될 것이다.

우리가 추가적으로 주의할 점은 많은 기업, 특히 중소기업에서 흔히 말하는 일인다역의 현상이 있다는 점이다. 즉 한 사람이 여러

역할을 수행할 수 있다. 그 한 사람과의 관계형성에 성실한 태도와
전문적인 지식으로 최선을 다해야 한다.

부서(업무)별 니즈(구매 조건)를 파악하라

의사 결정에 참여하는 부서별의 숨겨진 진정한 니즈를 파악해서 자
사의 최종 가치 제안에 활용하여야 성공할 수 있다.

　마이클 포터의 가치사슬 이론을 참고하면, 고객사의 아래 부서
들이 구매조직(Buying Center) 구성원들이 된다. 이들 부서의 본원적
인 활동을 여러분들이 잘 살펴보아 그들의 심층 니즈를 파악하여
경쟁사와 차별화된 제품이나 서비스를 제공(offering)하면 비즈니스
에서 성공할 것이다.

부서의 본원적인 활동

지원활동	하부구조	기획, 재무, 법무, 총무, MIS					
	기술개발	연구, 설계, 개발, 디자인					
	인적자원	직무관리, 보상관리, 평가관리, 조직관리					
	조달활동	구매, 관리, 가치평가					

본원적활동	기술개발	제품설계	제조	마케팅	물류유통	서비스
	원천기술	제품기능	일치	상품, 가격	수송/저장	보증제도
	기술정교화	특성	용수	광고, 홍보	재고	직접/독립
	지적재산권	디자인	원재료조달	판촉/판매원	채널	속도
	생산공정	품질	부품/조립	포장, 배달	통합	가격

이윤

- 구매부 : 가격, 납기, 안정된 품질, 장기적으로 안정적인 공급
- 생산부 : 안정된 품질, 품질 문제 발생 시 신속한 기술적 대응
- 기술부 : 기술적 자료 및 어드바이스

마이클 포터 교수에 의해 일반화된 가치사슬은 기업의 전략적 단위활동을 구분하여 자사의 강점과 약점을 파악하고 원가발생의 원천 및 경쟁기업과의 현존 및 잠재적 차별화 원천(가치창출 원천)을 분석하기 위해 개발된 개념이다.

가치활동은 경쟁우위(competitive advantage)를 창출하는 구성요소이며, 이들 구성요소들은 독립된 활동들의 단순한 집합이 아닌 서로 관련성/연계성을 가진 활동들이 체계적으로 이루어진 것이다.

즉, 가치사슬은 회사가 행하는 모든 활동들과 그 활동들이 어떻게 서로 반응하는가를 살펴보는 시스템적 방법이며, 원가행태와 기존/잠재적 차별화 원천을 이해하기 위하여 하나의 회사를 전략적으로 관련된 활동들로 분해된다.

▣ 가치창출 활동 :

1) 본원적 활동(primary activities) : 물류투입(Inbound Logistics), 운영/생산(Operations), 물류산출(Outbound Logistics), 마케팅 및 영업(Marketing & Sales), 서비스(Services) 활동이 이에 포함되며, 제품/서비스의 물리적 가치창출과 관련된 활동들로써 직접적으로 고객들에게 전달되는 부가가치 창출에 기여하는 활동들

을 의미한다.

2) **지원 활동(support activities)** : 회사 인프라(Firm Infrastructure), 인적자원관리(HRM), 기술개발(Technology Development), 구매조달(Procurement)이 이에 포함되며, 본원적 활동이 발생하도록 하는 투입물 및 인프라를 제공한다. 지원활동들은 직접적으로 부가가치를 창출하지는 않지만, 이를 창출할 수 있도록 지원하는 활동들을 의미한다.

▣ **가치활동과 가치시스템 :**

특정 산업에 있어서 회사의 가치사슬은 가치시스템이라고 하는 보다 큰 활동들의 흐름 속에 포함되며, 가치시스템은 회사 내의 가치활동들을 연결할 뿐만 아니라, 회사의 가치사슬(Firm VC)과 공급자 가치사슬(Supplier Value Chain)을 포함한다.

05 왜 다층 접촉이 필요한가?

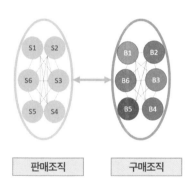

B1: 구매
B2: 생산
B3: 연구소
B4: 기술
B5: 재무/회계
B6: 최종 결정권자

판매조직   구매조직

- 산업재 영업은 구매 담당자에 대한 만남을 시작하여 그 구매에 관련 있는 회사 전체의 모든 부서의 사람과 관계해야 하는 업무 (우리가 필요한 정보 수집)이기에 많은 노력과 탁월한 대인관계가 뒷받침되어야 성공할 수 있다는 점을 명심해야 한다.

- 이러한 산업재 영업의 특성으로 볼 때, 고객 니즈에 대한 정확한 정보가 절대적으로 필요하다. 위에서 설명했듯이 그래서 구매 의사 결정에 참여(영향을 미치는)하는 핵심적인 주체 집단인 구매 센터(Buying Center)에 대한 이해가 필요하며
- 거래처의 구매부서나 생산부서에 국한된 접촉은 배제하고 고객 사의 전 부서에 대한 긴밀한 유대 관계를 유지해야 한다. 그 이 유는 구매 과정에 참가하는 이해 관계자가 다양하기 때문이다. 따라서 그들의 지원을 얻느냐, 못 얻느냐에 따라 비즈니스의 성 패가 달려 있기 때문이다.

  영업사원의 그러한 긴밀한 관계(Close Relationship)는 여러분의 회 사에는 경쟁우위가 되며 반대로 여러분의 경쟁업체에게는 진입 의 장벽과 위협요소가 될 수 있다. 그러나 대부분의 영업사원은 국한된 부서(주로 구매, 생산부서)를 주로 방문하고 있는 실정이다.
- 전 부서에 대한 접촉을 통하여 획득한 작은 정보들, 즉 부분 진 실(Particial Truth)들을 잘 분석하고 연결하면 결국은 고객이 필요 로 하는 심층 니즈를 파악하게 되고 부서별로 요구하는 구매 조 건을 잘 분석하여 경쟁사와 차별되고 고객 니즈에 딱 맞는 양질 의 해결책을 제공하여 고객의 만족을 얻어 승리할 수 있다. 이것 이 정보의 힘이라 할 수 있겠다.
- 고객사의 해외 투자로 인하여 해외 사업장이 제품과 서비스의 실제 사용자가 되는 경우가 있다. 예를 들어 삼성전자, LG전자, 현대, 기아자동차의 경우 해외 사업장이 미국, 유럽, 아시아 지

역에 있다.

이때 구매 방식은 본사에서 국·내외 사업장의 전체 소요량을 무기로 구매 가격을 낮추려는 목적의 통합 구매(Central Purchasing) 방식이 될 것이다. 이 경우 해외 사업장의 구매부, 생산부, 기술부의 니즈를 파악하여 경쟁력있는 해결안을 제시해야 할 것이다. 아울러 이 경우에도 해외 사업장의 현지인들과도 긴밀한 관계와 소통(현지 고객의 니즈, 경쟁 상황 등 정보교환)을 해야 한다.

그래서 꾸준한 학습으로 외국어 능력을 미리 확보하여야 하고, 어학 능력은 여러분 성장에 기여하는 중요한 개인의 경쟁력이 된다.

한 예로 구매부서에서 얻을 수 있는 정보는 경쟁사의 가격이 몇 % 저렴하다는 것뿐이다. 설사 그 정보가 맞다 하더라도 경쟁사의 결재 조건이 현금이라는 정보는 구매부서에서 구매 전략상 노출하지 않는다.

그러나 우리의 조건은 납기 후 60일 또는 90일 후일 경우, 그 기간에 대한 금리를 계산하여 경쟁사와 비교하여야 한다. 하지만 영업사원이 단순히 경쟁사의 가격이 우리 보다 몇% 저렴하다는 구매부서의 말만 믿고 바로 가격을 인하하는 실수를 만들어서는 안 된다. 이러한 경우에 다른 부서, 생산부서 또는 기술부서와 친밀한 관계를 가진 영업사원은 구매부서에서 얻지 못한 경쟁사의 가격 정보를 다른 부서에서 입수할 수 있다.

이렇게 입수한 모든 경쟁사의 정보를 종합하면 마치 조각들이 모여 전체의 퍼즐이 완성되듯이 경쟁사의 가격 및 세부 조건에 대한 정확한 분석이 이루어져 단순히 구매부서에서 요구하는 가격을 그대로 인하하지 않고 우리의 경쟁력 있는 제안을 할 수 있게 된다.

나는 항상 이렇게 여러 부서와의 긴밀한 관계를 바탕으로 하여 가능한 한 많은 정보를 수집하여 산업재 영업의 궁극적인 목표인 우리 제품이 장기적이고 안정적으로 공급되는 좋은 결과를 많이 만들었다.

결국 영업의 마지막에는 무엇이 남을까? 지금은 고인이 되신 작가 최인호 선생은 그의 저서 상도에서 "장사는 이윤이 남는 것이 아니라 사람이 남는 것"이라고 했다.

나의 오랜 경험으로 볼 때 영업사원에게 고객과의 좋은 친밀한 인간 관계가 핵심 성공요소라는 것은 부정할 수가 없다. 개인과 기업 소비자는 모두 믿고 존중하는 사람에게서 구매한다. 이처럼 대부분의 구매는 기본적으로 인간 관계를 바탕으로 한다.

대인 관계에서의 친밀도는 일반적으로 태어난 성격에 달려 있다고들 말한다. 그러면 내성적인 성격의 소유자인 영업 담당자는 고객과의 친밀한 관계를 형성하기 어렵다는 얘기인가?

그러나 고객과의 친밀도는 본인의 노력 여하에 달려 있다고 나는 믿는다.

개인의 성격도 노력과 학습에 의하여 고쳐질 수 있기 때문이다.

본인이 차분하고 내성적인 성격이라고 생각 들면, 우선 만나는 모든 사람에게 웃으며 먼저 인사하는 습관을 만들어야 한다.

고객사 방문 시 직접적인 거래 관계가 있는 고객뿐만 아니라 고객회사의 정문 출입부터 그리고 현장의 작업자 분들 그리고 고객사의 식당에 일하시는 분에 이르기까지 마주치는 모든 사람에게 직급에 상관없이 다정하게 미소 지으며 인사해 보라. 머지 않아 기적이 일어날 날이 오게 된다.

여러분이 만날 때마다 인사한 모든 분들이 어느새 여러분 편이 되어 알게 모르게 여러분의 영업에 많은 도움을 줄 수 있다. 한 예로, 서울 사무실에서 3시간 정도 거리의 고객사 공장을 일주일에 2번씩 방문했다. 점심은 고객사의 식당에서 고객과 늘 같이했다.

배식과 식사 후 식기 반납에 식당에서 일하는 아주머니에게 늘 웃으며 잘 먹겠습니다, 그리고 즐겁게 잘 먹었습니다고 매번 인사했다. 그러던 한여름의 많이 무더웠던 어느 날 구내 식당에 반계탕(반쪽 삼계탕)이 메뉴였다. 배식을 해주는 아주머니가 반갑게 맞이해 주며 나에게만 닭 반쪽을 더 주며 하시는 말씀이 멀리서 일하러 내려오느라 고생한다며 힘내라고 하셨다.

아주머니의 배려에 깊이 감사드리고 즐겁게 식사하였다. 같이 식사하는 생산 부장님이 웃으며 나보다 미스터 리가 인기가 더 좋네 하며 같이 웃었다. 그렇다. 오랜 기간 거래가 지속되는 산업재에서 고객의 회사는 내 회사와 같다고 생각하고 그리고 내 회사 직원처럼 같이 대하고 행동하라고 말하고 싶다. 내가 어떻게 행동하느냐에 따라 상대방이 나를 대하는 것이 다를 수 있기 때문이다.

고객사의 모든 분들이 웃으며 친절하게 대해 준다면 먼 길을 내려가도 가고 오는 길이 즐겁고 업무도 또한 즐겁게 보지 않겠는가.

하루는 다른 고객사의 공장 방문 시 정문에서 출입 기록을 작성하는데 경비 아저씨께서 미스터 리 자네 경쟁 M사의 최고 높은 사람이 그저께 많은 사람들을 데리고 와서 한 3시간가량 있다 갔어 하셨다.

경쟁사의 고위급이 많은 직원을 데리고 방문했다는 것은 중요한 정보이다. 감사하다고 말씀드리고 바로 고객에게 그들의 방문 목적을 확인하고 우리의 대안을 마련하여 그들의 의도를 차단시킬 수 있었다.

이처럼 예상하지 않았던 분들이 우군이 되어 유용한 정보를 주는 행운도 따르게 된다. 회사에서 추석이나 설날 명절에 준비한 비록 작은 선물이라도 따뜻한 마음으로 고객사의 낮은 직급에서 묵묵히 일하는 분들(경비실, 식당, 우리 물건을 하역하는 분들 등등)께 꼭 챙겨서 드렸다.

비록 그분들이 의사 결정에 참여하지 않지만 그분들이 진정한 우군이셨다. 영업사원은 이러한 부분까지 세심한 배려를 한다면 고객회사의 방문이 즐겁고 보람 있지 않겠는가.

06 왜 경청의 기술이 필요한가?

경청은 소통의 기본이다.
상대와 통하고 싶다면 말하는 사람을 방해하지 말고
잘 들어야 한다.

경청하기 어려운 가장 큰 이유는 말하고자 하는 욕구 때문이다. 우리는 상대방의 이야기를 들으면서도 속으로 계속 자기가 할 말을 생각하는 경우가 많다. 남의 이야기를 진정으로 듣는 것이 아니라 자기 생각에 빠져서 듣는다.

듣는 것이 중요하지만, 그냥 듣는 것으로는 부족하다. '잘'들어야 한다. 경청을 해야 한다. 상대를 이해하려는 의지가 있을 때, 경청이 가능하다.

고객으로부터 필요한 정보를 얻기 위해서는 잘 듣는 경청의 기술이 필요하다. 경청은 상대방에 대한 존중과 나눔의 시작점이다.

상대(고객, 내부 고객)와의 소통은 비즈니스뿐만 아니라 인간관계에 대단히 중요하다. 최고의 소통 기술은 누군가와 대화를 나눌 때에는 상대의 눈을 바라보며 그와의 상호 작용에 집중을 해야 하며 상대의 얘기를 잘 들어야(경청) 한다.

많은 사람들이 경청이란 참고 듣는 것, 눈을 마주치고 끄덕이는 것 정도로 알고 있다. 그래서 일부는 "경청에 대하여 따로 배울 필요가 있나요? 그냥 잘 들으면 되는 것 아니에요?"라고 말하기도 한다. 그러나 이것이야말로 경청에 대한 심각한 오해이다.

대화의 기술 중에 가장 중요하게 생각하는 것이 '경청'이라고 본다. '경청'이란? 한자어로 傾(기울어질 경) 聽(들을 청)으로 말을 듣는 것뿐만 아니라 마음을 기울이고 내면에 깔려 있는 의미를 파악하여 듣는 것을 말한다. 아울러 경청에는 겸손과 존중의 뜻도 담겨 있다.

왜 경청이 중요할까? 옛날 말에 '왕이 경청을 하지 않는다면 독재자가 되거나 나라가 망한다'라는 말이 있다. 이처럼 남의 말을 잘 듣지 않는다면 독단적으로 해석을 하게 되고, 자기가 원하는 것만을 추구하게 된다.

칼 로저스는 경청에 대하여 이렇게 말했다. "깊이 있게 듣는다는 것은 단어나 생각, 감정, 개인적인 의미, 심지어는 말하는 사람의 의도 밑에 깔려 있는 의미까지 듣는다"는 뜻이다.

그리고 세계적인 토크쇼 진행자로 유명한 오프라 윈프리는 그의 성공 비결을 상대방의 말을 잘 들어주는 것이라고 했다. 종종 보면 영업사원 중에 자기 말을 많이 하는 경우를 보아왔다. 이런 경우에는 고객은 정보를 제공해 주지 않는다. 고객의 말에 귀 기울여 잘 경청하고, 공감하고 준비해온 좋은 질문(High Gain Question)을 할 때 고객은 속에 감추고 있었던 얘기(정보)를 표현할 것이다.

고객의 말에 귀를 기울이는 것은 새로운 아이디어를 만들어 내고 성공으로 이끌 수 있다. 경청의 원칙은 대화에 주의를 기울여 상대를 존중하는 마음으로 침묵을 지키는 것이다. 그리고 경청에서 고객의 핵심(니즈)을 파악해 원하는 정보 또는 고객의 의사 결정을 하는데 도움을 줄 수 있는 질문을 잘 준비하여야 한다.

경청은 상호 신뢰, 배려, 소통의 기본이다. 고객의 마음의 문을 여는데 주도적인 역할을 하기에 진정성 있는 대화의 원천이라 할 수 있다. 그래서 고객과의 최접점에 있는 듣기 능력이 큰 직원, 다시 말하면 '바운더리 스패너(boundary spanner)'인 영업사원이 리더에게 고객들의 변화와 새로운 트랜드를 보고하여 좋은 영업 성과를 만들어 낼 수 있다.

경청을 향상시키는 방법

1. 주의 깊게 듣기(주목) : 고객의 이야기에 집중하고 분산되지 않도록 노력하라.
2. 아이 콘택트 : "눈은 입보다 더 많은 것을 이야기한다." 눈을 마주치면서 말하는 상대방을 보면 더 집중하기 쉽고, 아울러 상대방에게 "아, 내 얘기를 잘 듣고 있구나" 하는 느낌을 주게 되어 상대방이 훨씬 편안하게 느끼고 더 많은 정보와 의견을 말하게 된다.

3. 표정과 몸짓 : 비언어적인 신호에 주의를 기울여라. 상대방의 감
   정이나 의도를 파악할 수 있다.

4. 간단한 피드백(맞장구) : 가끔씩 상대방의 이야기를 요약하거나 짧
   게 반응하여 맞장구 치는 상호 작용을 유지하라(Nod : 머리를 가볍
   게 위아래로 움직이는 동작으로 상대방에게 동의, 이해한다는 암묵적인 의
   사 소통을 나타낼 수 있다.)

5. 질문하기 : 궁금증이나 이해를 돕기 위해 적절한 질문을 하라. 고
   객이 구사한 문장 중 중요한 부분(단어)을 복창하는 것은 고객에
   게 내가 공감을 하고 있음을 표현하며 대화를 더 풍부하게 만들
   어준다.

고객의 소리에 귀 기울이지 않은 치명적인 결과

우리의 주요 고객인 다국적 기업 프랑스의 생고방 자동차용 유
리 제조회사에서 차량 내부로 들어오는 소음을 줄이기 위하여 우리

회사와 우리의 경쟁사에게 동일한 제안을 하였다. 제안은 외부 소음을 흡입 또는 차단하는 차음(遮音) PVB 필름(자동차용 접합 안전 유리 원료)을 개발할 수 있느냐고 질문을 하였다.

우리 회사의 제품 개발 중역은 개발에 대한 의지가 없어서 불가능하다고 했다. 그러나 우리의 경쟁사인 M사와 S사는 고객의 소리를 귀담아 듣고 연구를 시작하였다.

5년 후에 두 경쟁사는 차음용 접합 안전 유리 필름을 성공리에 개발하였다. 이 개발이 시장에서 어떠한 결과를 초래했을까? 승용차의 조용한 실내를 원하는 고객들의 니즈로 차음용 자동차용 앞유리의 수요가 급격히 증가함에 따라 세계 시장 점유율 1위였던 우리 회사가 2위로 뒤처지게 되었다. 당연히 매출이 줄었고 고객으로부터의 신뢰감 역시 일부 추락하면서 결국에는 경영진이 사업부를 매각하게 되는 사태까지 이르게 되었다.

이 사례의 교훈은, 고객의 소리(의견, 피드백)는 기업에 새로운 아이디어를 제공하고 혁신을 이끌어 내는데 큰 도움을 주는 중요한 역할을 하는데, 이를 귀담아듣지 않을 경우에는 시장에서 경쟁력이 떨어져 최악의 경우에는 시장에서 퇴출될 수 있는 상황으로까지 처할 수 있게 된다.

그래서 고객의 소리를 잘 경청하여 이를 기반으로 현재의 제품이나 서비스를 개선함으로써 신뢰도를 높이고 고객과의 장기적인 거래 관계를 유지해야 한다.

07 고객회사의 비전, 목표, 성장 전략을 파악하라

고객사의 비전을 보면 그 회사의 미래가 보이기 때문이다.

앞에서 산업재(B2B)의 특성에 대하여 설명했듯이, 고객사와 거래 관계가 20년, 30년 아니 그 이상의 장기적으로 이루어진다. 다시 말해 장기적인 동반자로서 같이 성장(Win-Win)하는 관계이다.

그래서 고객사의 장기적인 비전, 성장 전략 등 장·단기 목표를 파악하고 있으면 고객사의 장기 성장 동력에 맞는 제품 개발과 서비스를 경쟁사 보다 미리 개발하게 되어 성장 기회를 먼저 선점할 수 있는 커다란 이점이 있다.

또한 고객사의 리더십 스타일 파악도 중요한 요소가 될 것이다. 신뢰성 있는 비전을 가진 고객사와는 장기적인 거래 관계에 확신이 선다. 왜냐하면 기업의 비전은 그 기업이 존재하는 가치이자 핵이며 직원들의 꿈이기 때문이다. 한 사람이 꾸는 꿈은 그저 꿈일 뿐이지만 모두가 같은 꿈을 꾸면 현실이 될 수 있다. 즉, 고객사의 비전을 보면 그 회사의 미래가 보이기 때문이다.

비전의 힘

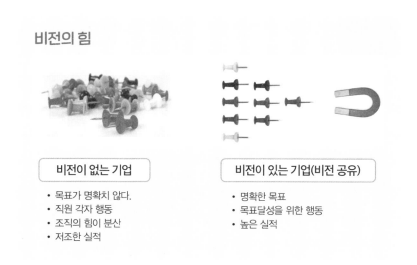

참고로 비전에 대하여 조금 더 알아 볼 필요가 있고, 잘 숙지하길 바란다.

* 비전은 기업의 현재에서 미래의 모습을 담은 간결하고, 명확한 성명서(Statement)이다.
* 비전은 조직의 현실적이고 신뢰성 있는 미래를 창출한다.
* 비전은 조직의 에너지를 집중하게 만든다.
* 비전은 고객에게 힘과 신뢰를 심어주고 삶의 의미를 부여한다.
* 비전은 전 조직원이 이해하고 공유될 때(shared vision) 강력한 힘이 발휘된다.

08 고객의 분류

이제 모든 고객은 왕이 아니다. 수익을 주는 고객이 왕(王)이다.

위에서 산업재(B2B) 영업의 기본적인 부분에 대하여 알아보았고, 고객의 분류에 대하여 알아볼 필요가 있다. 일반적으로 인정된 회계 원칙인 GAAP(Generally Accepted Accounting Principal)에서 기업의 정의를 아래와 같이 기술하고 있다.

- 계속 기업(Going Concern) : 기업은 계속해서 활동하는 실체로 파악하고
- 성장(Growth) : 기업은 지속적으로 성장하여야 하고
- 수익(Profit)을 내야 한다.

이중 일부분인 수익에 대하여 이해하여야 한다. 수익을 창출하기 위해서는 시장 어디에 자사의 성장 기회와 위협이 있는지 파악

하고 분석해야 한다. 그러기 위해서는 고객을 분석하여 분류(Customer Segmentation)해야 할 필요가 있다.

고객 분류(Segmentation)란 고객을 한 종류의 단일한 특성을 가진 고객으로 생각하지 않고 니즈의 차이, 자사에 있어서의 의미, 중요도의 차이, 자사가 취할 어프로치의 용이성 등의 관점에서 상세하게 분류하고 각각의 우선순위를 매겨서, 고객에 대한 대우를 바꾸는 것을 말한다.

a) 대형 고객(Big Customer)

- 거래 규모는 크지만, 낮은 판매 단가와 다양한 요구로 인한 비용 증가로 수익성이 낮다.
- 그러나 신제품 개발을 같이 할 수 있는 고객으로 업계에 자사 제품에 대한 광고 효과를 낼 수 있는 고객군으로 장기적인 협력 관계가 요구된다.

b) 중간 규모 고객(Medium Size Customer)

- 가격에 덜 민감하고 고성능의 품질을 요구하지 않는 고객으로
- 이 고객들의 생산성 향상, 생산부 직원들의 기술 교육 등의 제공으로 좋은 관계를 형성하여 좋은 가격(Premium Price)를 받아 수익을 높이는데 기여하는 고객군

c) 소규모 고객(Small Size Customer)

- 거래 물량이 작고 부실 채권(부도)의 위험이 있는 고객군으로
- 대리점이나 특판점을 통하여 판매를 하여 자사 영업 직원의 방문이 거의 필요 없고 대리점, 특판점을 부서 내 관리팀이나 경리팀이 관리가 가능하다.
- 고객이 직거래를 원할 경우 동종 업계에서 많은 정보를 얻은 후 고객을 선택적으로 선별하여 수익이 좋은 가격과 현금 조건으로 영업을 해야 할 고객 집단

09 고객 개발

　기존 고객 이외에 국, 내외의 새로운 고객을 개발해서 우리의 제품과 서비스를 판매해야 매출과 수익이 증대되어 지속적인 성장이 이루어질 수 있다. 그러면 어떻게 효과적으로 새로운 잠재 고객을 개발할 수 있을까에 대하여 알아보자.

1) **시장 조사 및 분석** : 잠재 고객 산업과 시장을 깊이 있게 조사하고 잠재 고객사에 대한 정보를 최대한 수집하고 분석하여 잠재 고객의 동향 및 니즈를 이해한다.

   조사를 통하여 취득한 정보를 잠재 고객과의 첫 방문 시 적절하게 대화 속에 섞어 잘 활용하면 여러분에 대한 첫인상에 고객은 호감을 갖게 되고 편안한 대화가 이루어질 것이다. 이러한 잠재 고객에 대한 사전 조사와 연구는 세일즈를 위한 최선의 방법이다. 이때 정보의 양보다는 질이 중요하다.

2) **고객 프로파일링** : 특정 산업의 핵심 고객을 식별하고, 이들의 니즈와 선호도를 파악하여 프로파일을 작성해 보라.

3) **협력 및 네트워킹** : 산업 내에서 이해 관계자들과 협력하고 네트워킹을 통해 고객을 발견하고 유치한다.

4) **맞춤형 제품 및 서비스 개발** : 고객의 기본적인 니즈를 기반하여 맞춤형 제품 및 서비스를 개발하여 고객의 요구를 충족시키도록 노력하라.

5) **프로토타이핑 및 피드백 수집** : 초기 단계에서 제품이나 서비스의 프로토타입을 개발하고, 고객의 피드백을 수집하여 지속적으로 개선한다.

6) **고객 교육 및 지원** : 고객이 제품이나 서비스를 올바르게 사용할 수 있도록 교육 및 지원을 제공하여 만족도를 높인다.

7) **지속적인 평가 및 개선** : 산업환경이 변화함에 따라 지속적으로 고객의 기본적인 니즈를 평가하고 제품 및 서비스를 개선하는

것이 중요하다.

첫 오더!

신규 대규모 고객, K사는 생산설비를 유럽 설비업체에 일괄 수주 계약(Turnkey base : 설비 업체가 생산설비를 설치한 후 시험 가동하여 프로젝트 발주자에게 인도하는 계약 방식)으로 공장을 발주하였고, 1년의 생산 기간 동안은 품질관리를 위하여 설비업체에서 정한 원자재만 사용하는 조건이었다.

유럽 설비 업체가 지정한 원자재는 나의 경쟁사인 미국의 M사였다. 이 조건으로 인하여 학습 곡선(learning curve: 새로운 기술이나 작업에 대해 배우는데 필요한 시간과 노력) 하에 있는 고객 K사는 1년 동안은 생산 품질의 안정화를 위하여 우리 제품을 사용할 수 없는 상황이었다.

1년이라는 시간의 일괄 수주 계약은 나에게는 커다란 진입 장벽이었으나 나는 기다릴 수가 없었다. 왜냐하면 경쟁 M사의 제품이 잠정고객 K사의 생산부 직원들에게 익숙해지면 질수록 나에게는 점점 진입이 어려워질 수밖에 없기 때문이다.

우리 제품을 소개하기 위해 주 2회 방문하기를 6개월… 주요 원자재를 단독으로 사용하는 것보다 이원화할 때 고객이 갖을 수 있는 이득에 대해 꾸준히 설명하며 경쟁사와 차별화된 제안을 설명하며 간곡하게 요청하였다. 그러나 고객의 대답은 아직은 사용할 수가 없어 품질보증 기간이 끝나는 1년 후에나 보자고 했다.

그러나 나는 포기하지 않았다(Never Give Up). 아니 포기할 수가 없었다. 나는 이 고객과의 거래를 반드시 성사시켜야 하는 영업사원이기에…. 1년 후에 만나더라도 혹시 M사의 제품의 품질 문제로 발생할 수 있는 만약의 사태를 대비하기 위해서라도 우리 제품을 사전에 샘플 테스트라도 하는 것이 어떻겠느냐고 꾸준히 설득시키며 끊임없이 방문하였다.

뜻이 있는 곳에 길이 있다는 옛 어른들의 말씀대로, 방문한 지 6개월 만에 생산 과장님이 윗선을 설득하여 우리 제품을 테스트하여 양사(M사와 우리 회사의 제품)를 비교하기로 하였다. 테스트 결과는 기존 사용 중인 M사와 비슷한 정도로 분석되었다.

그러나 그 상태로 추가 6개월을 기다릴 수는 없었다. 영업은 반드시 결과를 만들어내야만 한다는 나의 강한 신념과 열정으로 고객의 마음(감정 은행)에 자리 잡기 위해서 고객이 자기 공장까지 먼 길 방문하지 말라 했어도 주 2회 방문하면서 기술 참고 자료와 국,내외 동종 업계 소식 등을 꾸준히 업데이트해 드리고, 미국 본사의 기술 담당 부장의 방문 기회를 마련해 기술 세미나를 하면서 고객이 생산 과정에서 겪은 이슈나 문제점들(비록 경쟁 M사의 제품과 관련된)에 대한 발생 원인 설명과 함께 해결 방안(solution)을 제공하였다.

이러한 과정을 통하여 생산부, 기술부 직원들과 친밀한 관계를 차근차근 쌓아가고 있었다. 아울러 서울 본사의 구매부에도 꾸준히 방문하면서 원재료 이원화에 대한 이득을 설명하며 인간적인 친밀

관계를 구축하고 있었다.

반면에 경쟁 M사는 일괄 수주 계약이라는 장점에 여유가 있어 나보다 거래처 방문의 횟수가 적었고, 필요 시에만 방문하였다. 이러한 경쟁 환경이 나에게는 경쟁사 고객인 K사에 침투할 수 있는 틈이 되었다. 비록 지속적인 거래의 오더는 아직 없었으나 나의 지속적인 방문과 원재료와 생산에 관련한 고객의 질문에 대한 나의 즉각적인 대응, 고객 기술 세미나 등의 노력이 고객의 마음(감정 은행)에 신뢰로 조금씩 차곡차곡 쌓이고 있었던 것이었다.

그러던 어느 날(방문 9개월째), 고객으로부터 공장으로 방문해 달라는 긴급 연락이 왔다. 경쟁 M사의 제품의 지속적인 불량과 늦은 대응의 기술 서비스로 일괄 수주 계약 조건인 1년간의 계약을 무시하고 우리 제품을 일부 사용하고 싶다는 기쁜 소식이 온 것이다. 이에 즉각 2시간 30분 거리의 공장으로 달려가 필요한 물량을 확인하고, 바로 미국 본사 글로벌 본부장(부사장)에게 첫 오더 소식을 보고하고 신속 공급 지원을 요청하려고 전화를 했다.

한국 시간 오후 4시에 전화를 했더니, 글로벌 본부장이 주무시다가 깬 목소리로 무슨 일이냐고 하실 때, 아차 미국은 동부 시간 새벽 2시였는데 첫 오더라는 그리고 급 선적이 요구되는 상황으로 시차를 깜박 잊고 새벽 잠을 깨운 것이다. 글로벌 본부장은 "야, 이 미친 놈아 여기가 몇 시인지 아느냐?" 하고 웃으시면서 예상보다 빠른 첫 오더에 반가워하며 승인해 주셨다.

이렇게 시작된 주요 고객 K사와의 거래를 시작으로 첫해에 30%

점유율에서 2년 내에 60% 점유율을 점유하는 주요 공급선이 되었
다. 그때의 기쁨이 아직도 생생하게 기억나곤 한다.

영업사원은 결코 포기하지 말고(never give up), 깊은 생각의 힘으
로 경쟁사와 차별화된 제안을 개발해 신규 거래처를 개척해야 한
다. 이것이 영업사원에게 주어진 사명이며 임무임을 명심해야 한
다.

10 고객 방문 전 고객의 성향을 파악하라

영업사원은 다양한 성격을 가진 고객들을 만나게 된다.

　세일즈 과정에 영향을 미치는 요인은 여러 가지가 있으나, 가장 중요한 요소는 고객의 구매 유형을 알아내는 일이다. 대부분의 세일즈 실패는 미흡한 의사 소통, 신뢰와 공감 부족에서 비롯될 수 있

다. 신속하고 정확하게 고객의 구매 유형을 파악할 수 있다면 신뢰와 공감 또한 신속히 얻어내어 세일즈 성공률을 끌어올릴 수 있다.

고객의 성향을 분석해야 하는 중요한 이유는

- 성향 분석은 제품 및 서비스 개발과 마케팅 전략 수립에 도움이 되며,
- 고객의 요구 사항을 이해하고 충족시키면서 그 고객 개인의 성향에 따른 효과적인 해결책을 제공할 수 있고,
- 경쟁 상황에서 차별화를 이루어 내고 경쟁우위를 확보하는 데 많은 도움이 되며,
- 거래처 내의 개별 성향의 고객들과 긴 시간 동안의 협력 관계를 유지하면서 높은 고객의 만족도를 유지할 수가 있다.

따라서 산업재 영업에서 고객의 성향을 잘 파악하여 이에 대응하는 것은 전략적인 비즈니스 관리의 핵심이다. 아울러 이 성향 분석은 영업적인 측면뿐만 아니라 여러분이 사회 생활하면서 접하게 될 많은 사람들과의 관계에도 많은 도움이 되리라 믿는다.

또한 향후에 여러분이 리더가 되었을 때, 팀원들의 각기 다른 성격을 파악하여 각자에게 맞는 리더십 스타일을 적용할 수가 있고 이를 통하여 팀원들의 동기부여를 증진시키고 팀원들을 목표 달성에 효율적으로 이끌 수가 있다.

본론으로 돌아가서, 영업사원이 고객의 성향을 잘 파악하고 이해하고 있다면, 각기 다른 성격의 고객에게 접근하는 방법도 달라야 할 것이다.

일반적으로 아래의 4가지 유형의 고객이 있는데, 영업사원은 이들의 특성을 잘 이해하고 그 고객의 성향에 맞는 제안을 해야 거래를 성공시킬 수가 있다

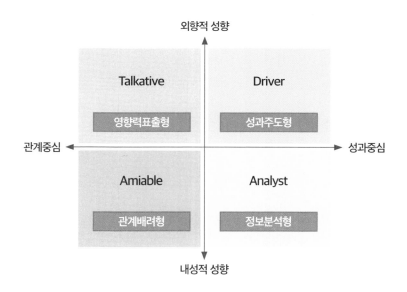

a) 표현적 유형(Talkative) : 대화를 즐기는 성격의 소유자

b) 공격적 유형(Driver) : 목표 지향적 성격

c) 수동적 유형(Amiable) : 친화적이고 타인과의 관계를 중요시

d) 분석적 유형(Analyst) : 분석적인 성격의 소유자

(1) 표현적 유형(Talkative)

- 이 성격의 소유자는 외향성, 열정, 감성, 사교성 등의 대화와 소통을 통해 다른 사람들과의 관계를 강화하고 싶어 한다. 그러나 반면에 설득력, 조직성 부족이 특징이다.
- 놀기 좋아하고 다정한 수다쟁이로 속도가 빠르고 재미있는 프레젠테이션에 반응한다.
- 그리고 대화를 통해 정보를 교환하고 사회적 네트워크를 형성하는데 기쁨을 느낀다.
- 신속하게 의사결정을 내리며 충동 구매하기 쉽다.

(2) 공격적 유형(Driver)

- 공격적 유형 성격 소유자는 목표를 달성하고 결과를 창출하는데 중점을 두는 성향이 나타나나, 예민함과 참을성이 부족해 이 유형을 나타내는 키워드이다.
- 목표 지향적이며 책임감이 강하며 효율성과 신속한 성과에 중점을 두며 업무에 전념하는 경향이 있다.
- 문제 해결과 실용성을 중시하며, 목표 지향적인 업무 유형으로 요점 위주의 신속한 프레젠테이션을 선호하며 결과에 대한 성취감을 중시하는 특징이 있다.

(3) 수동적 유형(Amiable)

- 수동적 유형 성격의 소유자는 내향성, 적응력, 조화, 친화력

이 뛰어나고 타인의 의견을 존중하고 협력적인 태도를 중요시하는 안전 지향이 이 유형의 특징이다.

- 자기 절제가 강하고 평화로운 성향의 이 유형은 느리고 상세한 설명을 좋아하고 뭘 하든 준비하는 데 시간이 걸린다.
- 갈등이나 압박에 무척 예민하게 반응한다.
- 공감 능력이 강하고 남들과의 조화를 중시하여 '어떻게'에 대한 질문을 던지는 경향이 있어 주변과의 관계를 유지하고 향상시키는 데 능숙하다.

(4) 분석적 유형(Analyst)

- 내향성, 심사숙고, 조직력, 비판성, 세부 사항 중시, 자기 성찰 등 분석적 사고를 즐기고 복잡한 정보나 문제에 대해 체계적으로 해석하는 능력을 가진 성향을 나타낸다.
- 검소하고 조심스러운 유형으로 수동적 유형과 마찬가지로 느리고 상세한 설명을 좋아하며 준비하는데 늘 시간이 걸린다.
- 이 성격의 소유자는 데이터와 사실을 기반으로 결정을 내리며, 문제를 해결하거나 목표를 달성하기 위해 정보를 수집하고 철저한 분석과 해석하는 과정에서 효율적으로 일을 처리하기에 구매하기 전에 많은 연구를 한다. 그래서 영업사원에게 '왜'라는 질문을 던지며 세부 사항을 확인한다.

상기 4가지 유형의 성격에 대하여 설명하였는데, 그럼 과연 영업사원은 이러한 성격의 고객들과 어떻게 원활한 협업을 해야 할 것인가가 대단히 중요한 사항이다. 이에 관한 대응 전략에 대하여 알아보자.

(1) 표현적 유형(Talkative)에 대응

① 주의 균형 유지 : 이 성향의 고객은 대화 중에 활기차게 참여하는 경향이 있다. 고객의 의견에 귀를 기울이면서 동의한다는 사인(고개를 끄덕인다)을 보여주며 주제에 집중하게 만들면서 의견을 표현할 기회를 주어야 한다.

② 적극적인 청취 : 고객이 표현하려는 의견과 감정을 주의 깊게 듣고 이해하려 노력하라. 이는 대화의 품질을 높이고 고객에게 중요함을 전달할 수 있다.

③ 흥미를 표현하라 : 표현적(Talktaive) 유형 성향의 고객들은 다양한 주제에 대해 이야기하는 것을 즐기기 때문에 고객에게 관심을 표현하고 흥미롭고 열정적이며 재미있어야 한다는 점을 기억하라.

④ 시각적 자료 활용 : 여러 색깔의 그래프, 이미지나 차트 등의 시각적 자료를 활용하고 기존 고객의 경험담을 소개하라. 이는 상담을 더욱 효과적으로 진전시켜 나가는데 도움이 될 수 있다.

(2) 공격적 유형(Driver)에 대응

① 목표 중심적 협력 : 공격적 유형 성향의 고객은 목표 달성을 중요시하므로 상담 시에 고객과 설정한 명확한 목표 달성에 상호 집중할 수 있도록 정확히 소통(업무진행 일정표, 점검 등)하여야 한다.

② 직접적이고 명확한 의사 소통 : 이 성향의 고객은 간결하고 명확한 의사 소통을 선호하며 의사 결정이 빠른 성향이기에 직접적이며 명확한 언어로 여러분의 의견(solution)을 표현하고 요구사항(샘플 테스트, 주문 의뢰 등)을 의뢰하기에 선택 가능한 옵션을 주어 통제 욕구를 충족시키도록 하라.

③ 결과 중심적 관리 : 고객과 협의된 사항들을 효율적으로 관리하고 중간 그리고 결과에 대한 피드백을 정확하게 제공해야 한다.

(3) 수동적 유형(Amiable)에 대응

① 친밀한 관계 구축 : 수동적 유형 성향의 고객은 친밀한 관계를 중요시하기에 개인적인 이야기를 나누고 관심을 표현하여 고객과 친밀성을 증진시켜라.

② 합의와 협력 강조 : 이 성격의 고객들은 협력적이며 현재의 안정 상태를 좋아하며 변화를 미루는 성향이 있으므로 변화의 계기를 마련해 주어야 한다. 합의를 중시하기 때문에 의사 결정이나 계획 수립 시 고객의 의견을 잘 수렴하고 협

력하면서 확신을 주어 결정을 내리게 만들어라.

(4) 분석적 유형(Analyst)에 대응 :

① **명확하고 체계적인 정보 제공** : 이 성향의 고객은 세부적이고 명확한 정보에 높은 가치를 두기 때문에, 의사소통 시에는 명확하게 정보를 전달하고 필요한 세부 사항을 제공하는 것이 중요하다.

② **논리적인 논의** : 토론이나 회의 시에 공급하는 제품의 논리성, 안전성, 품질을 강조하며 신뢰를 형성하라.

③ **시간과 제공** : 분석적인 작업에는 시간이 필요할 수가 있다. 따라서 분석적 성향의 사람들에게는 프로젝트나 결정에 대한 충분한 시간을 제공하는 것이 중요하다.

④ **정보에 기반한 의사 결정 도모** : 실수 없이 최고의 거래를 하고 싶어 하는 성향을 고려하여 의사 결정에 필요한 충분한 품질 관련 증거를 제공하고 품질 보증 조건을 제시하여 확신을 갖게 하고 함께 의논함으로써 고객이 안정감을 느끼고 결정할 수 있도록 도와야 한다.

예를 들어 영업사원이 자사의 제품을 소개하려 자료를 준비하고 있을 경우, 위의 4가지 유형의 고객들에게 어떻게 자료를 준비하여야 할까 생각해 보자.

가장 신경을 많이 쓰고 완벽한 자료 준비를 해야 할 대상은 누구이겠는가?

바로 분석적인 성향을 가진 고객이다. 그렇다고 다른 성향의 고객들에게 대강 자료를 준비하라는 얘기는 아니다.

가장 친근감이 있는 고객의 성향은 수동적 유형이다.

거꾸로 분석적인 성향의 영업사원이 표현적 유형의 구매 담당자에게는 어떻게 접근해야 할 것인가에 대한 질문이 있을 수 있다. 여러분은 어떻게 생각하는가?

이때는 너무 세세한 자료에 대한 설명은 오히려 표현적 유형 성향의 구매자에게는 지루함을 느끼게 할 수도 있기에 2~3가지의 핵심 포인트만 잘 정리하여 설명하여야 할 것이다. 이처럼 비즈니스에서 좋은 결과를 얻기 위해서는 여러분이 만나는 고객의 성격과 성향에 따른 제안과 그에 맞는 대화를 해야 하는 것 또한 산업재 영업에서 간과할 수 없는 중요한 부분이다.

Part

3

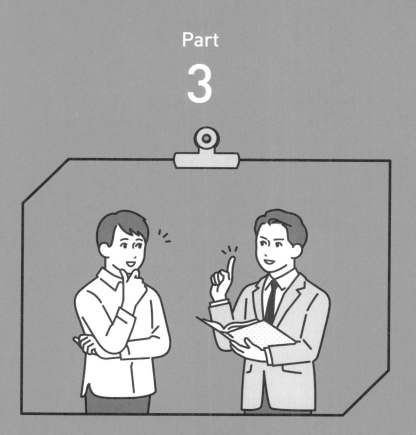

성공적인 세일즈
상담 스킬

타깃 고객에 대한 각종 정보를 분석한 후, 고객과 상담을 시작하게 된다.
상담의 시작은 고객 중심적이어야 한다. 이것은 좋은 상담의 시작은
상품이나 서비스가 아니고 고객의 관심사에 초점을 맞추어야 한다는 의미이다.
고객을 방문하여 상담하기 전에 우선 산업재 영업의 필수 과정인
고객과의 상담 시 처음 방문부터 마지막 거래 성사(**Closing**)에 이르기까지
반드시 지켜야 할 아래 도표의 필수 적용사항(원칙)을 숙지하고 행동하길 바란다.

고객 상담시 필수 적용 사항

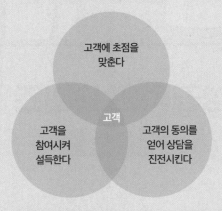

고객을 설득하는 것은 바로 고객 자신이다.
영업사원은 고객의 중요한 관심사를 이해하고, 고객의 입장에 서야 하고,
고객의 관점에서 문제를 바라보아야 한다.

세일즈 스킬이 필요한 이유

말 재주로는 고객을 설득시킬 수 없다. 그래서 충분한 지식과 다양한 영업 스킬이 필요한 것이다.

세일즈 스킬이 필요한 이유는

1. 고객 개발과 유지 : 세일즈 스킬을 통해 고객을 개발하고 장기적인 거래를 유지할 수 있으며, 고객과의 원활한 대화와 관계 구축을 통해 장기적인 신뢰 역시 구축할 수가 있다.
2. 상품 또는 서비스 소개 : 세일즈 스킬은 자사의 상품이나 서비스를 효과적으로 소개하고 고객의 관심을 끌 수 있도록 도와준다.
3. 매출 증대 : 탁월한 세일즈 스킬은 제품이나 서비스의 가치를 설명하고 고객의 니즈에 맞는 해결책을 제공함으로써 매출을 증대시키는데 막대한 영향을 끼친다.
4. 고객 만족도 향상 : 효과적인 세일즈 스킬은 고객의 니즈를 이해하고 해결해줌으로써 고객이 만족해하고 만족한 고객은 지속적인 재구매를 하게 된다.
5. 경쟁 우위 확보 : 경쟁이 치열한 시장에서 탁월한 세일즈 스킬은 경쟁사보다 더 나은 서비스를 제공하고 더 많은 고객을 확보할 수가 있어 기업이 경쟁력을 유지하고 성장할 수 있도록 도와준다.

이러한 이유들로 인해 세일즈 스킬은 비즈니스에서 절대적으로 필요한 능력이다.

산업재 영업을 수행하는 영업사원으로서 필요한 지식과 세일즈 스킬은 아래와 같이 다양하다.

- 고객과의 원활하고 효과적인 소통능력
- 해당 산업재 시장의 동향을 이해하고 고객의 니즈 파악
- 제품에 대한 전문 지식
- 팀워크 및 조직적인 업무처리 능력
- 고객의 구매 단계에 따른 대응 스킬
- 협상 기술
- 문제 해결 능력
- 신속한 대응과 유연성

01

기본
판매 기법

　여러분 회사와 제품에 관심이 없는 고객을 방문하여 세일즈를 성사시키기는 쉽지 않다. 그러나 이것을 해결하는 것이 영업사원의 책무이다. 그래서 지식과 영업 스킬을 가진 영업사원이 필요한 법이다.

　상담 시 필요한 아래의 기본 스킬을 잘 숙지하여 매번 방문 시 적절하게 잘 활용하여야 한다.

1) 친목(Connecting) : 고객과 장기적인 관계 형성에 필요하며, 매번 방문 시에 미소를 띠며 간결하고 정중하게 계절 인사 또는 고객의 관심사항(sport, hobby)에 대하여 이야기한다. 장기적인

관계 형성에는 무엇보다도 영업사원의 성의가 그 기초가 된다.

Ex) 등산을 좋아하는 고객의 경우, 주말 등산은 어떠셨습니까?

프로 야구를 좋아하는 고객은, 지난 주 xxxx이 정말 멋진 게임

을 하지 않았습니까?

2) 공감(Encouraging) : 상담 시 고객을 일관되게 미팅에 참여시
키기 위하여 사용

  • 흥미를 표현 : 고객의 대화에 고개를 끄덕이거나, 더 듣고 싶
    어 한다는 것을 나타내는 긍정적인 질문이나 표현 사용
    Ex) 그것에 대해서 좀더 자세하게 말씀해 주실래요?

  • 고객 기분의 이해 : 고객의 기분을 이해하고 있다는 것을 표
    시하라.
    Ex) 상당히 기쁘셨겠습니다.

3) 질문(Questioning) : 질문 기법은 고객의 상황이나 문제 및 필
요성(니즈)에 관한 자세한 정보를 얻기 위하여 사용한다.

  • 고이득 질문(High gain question) 사용 (p.170 질문기법 참조)

4) 확인(Confirming) : 확인 기법은 고객과 상담의 다음 단계로의
진전을 확실히 하기 위하여 사용한다.

  • 정리 : 고객이 설명한 부분을 아래와 같이 확인한다.
    Ex) 중요한 사항을 잘 기록하고, 이해한 것을 고객에게 말한다.

5) 제공(Providing) : 영업사원 회사의 제품 및 서비스에 관해 적극적으로 설명한다.

- 이득(Benefit) 설명 : 제품 또는 서비스의 특성이 어떻게 고객의 특정한 필요성을 충족시키는가에 대한 설명. 이때 요점을 열의를 가지고 간결하게 자신감 있는 음성으로 서술함으로써 제품과 서비스에 대한 확신을 보여줘야 한다.

질문
기법

세일즈 성공은 작은 질문에서 시작된다.

영업사원의 제일 중요한 업무는 고객의 현안이 무엇인지 정확히 찾아내는 것, 그리고 상대가 해결하지 못하고 있는 일에 대한 해결책을 제시하는 일이다.

아울러 질문은 고객이 자기 일에서 높은 평가를 받기 위해 필요한 것은 무엇인가를 알아내는 좋은 방법이다. 왜냐하면 사람들은 당신이 아닌 자신들 각자의 이유(personal needs) 때문에 구매 행동을 하기 때문이다. 그 필요성을 여러분이 도와준다면 여러분에게는 어떤 보상이 따르겠는가?

따라서 질문은 고객으로부터 필요한 정보 획득 및 고객을 설득하기 위해 사용할 수 있는 가장 효과적인 언어 행위이며, 질문은 기본적으로 사고를 불러 일으키게 되기 때문에 사람을 논리적으로 만드는 힘이 있다.

여러분의 고객 방문 전에 준비된 좋은 질문은 좋은 대답을 가져다 준다. 질문을 받은 고객은 생각과 분석을 하면서 여러분의 질문에 답을 줄 것이다. 이것이 바로 질문의 힘이다.

고객 방문을 위한 계획의 일부로서, 방문 시 고객의 심층 니즈 또는 여러분이 필요한 정보를 얻기 위해서는 몇 가지 좋은 질문들을 잘 준비하여야 한다.

고객 방문 때나 앞에서 본 문제 해결 시에 질문을 하는 것은 돈을 지불하는 것과 유사하다. 왜냐하면 여러분이 고객을 방문하고 대화하는 시간은 한정되어 있으므로 잘 준비된 질문으로 가치 높은 정보를 얻도록 노력해야 한다.

질문도 기술이므로 배우지 않으면 몸에 배지 않는다. 질문이 없으면 여러분 자신이나 고객을 이해하는 데 가장 유용한 무기도 없이 대화에 임하는 것과 마찬가지이다.

질문은 힘이 세다

질문은 화살표가 있기 때문에 조준점이 명확하다. 좋은 질문은 질문을 통해 고객을 참여시켜 고객으로 하여금 스스로 답을 찾기 위해 분석하고 생각하게 만든다. 결국 여러분의 좋은 질문에 고객은 생각하여 의견(대안 또는 정보)을 말하고, 그 대안 중에서 좋은 선택을 하게 되고, 그리고 선택은 행동을 만들고, 고객의 행동은 비즈니스를 가져온다. 이것이 바로 자율성 측면이다. 고객은 자신이 선택한 것에 만족하고 행동으로 옮기기 때문이다.

질문이 없다면 비즈니스의 성공도 없다. 전문성을 쌓는 최고의 방법은 질문을 던져 여러분이 제공하는 가치를 차별화하는 것이다. 고객이 잠시 멈춰 생각하도록 하는 질문을 던져야 한다. 한 번도 받아 본 적이 없는 질문을 던져야 한다. "정말 좋은 질문이네요"라는 반응이 나오게 해야 한다.

그래서 영업사원은 고객 방문 전에 고객과 시장에서 얻은 인풋 (정보)를 잘 분석하고 해석해서 새로운 질문을 준비해야 한다. 질문을 통해 고객의 판단을 유도하는 것이다. 예를 들어 "장기적으로 서비스 제공이 가능한 기술과 시스템을 어느 회사가 갖추고 있다고 생각하십니까?"라고 질문한다.

질문은 왜 필요한가?

질문은 많은 대화를 하지 않고도 값진 정보(고객의 니즈)를 얻을 수 있으며, 고객으로 하여금 문제를 인식하거나 발견 또는 자각해 의식적으로 해결하려는 기회를 제공한다.

질문의 목적은 고객의 잠재 니즈를 밝혀내고, 그것들을 현재 니즈로 개발하기 위함이다.

즉, 질문은 사고의 출발점이라고 할 수 있다. 또한 질문하는 사람과 질문받는 사람의 관계가 보다 더 특별해진다. 질문하고 답을 하고, 또다시 질문하는 과정에서 서로의 마음이 열리고 생각을 공유하게 된다. 결국 모든 영업의 성공은 하나의 잘 준비된 질문에서 시작되기 때문이다.

니즈의 유형

- 잠재 니즈 : 현재 고객의 이슈, 불만, 어려움
- 현재 니즈 : 고객의 욕구나 필요, 행동 의도에 대한 명확한 표현

  여기서 영업사원은 효과적으로 고객의 현재 니즈를 파악하는 것이 키포인트이다. 고객의 현재 니즈를 파악하기 위해서는 우선 고객의 잠재 니즈, 즉 현재 고객의 이슈, 불만을 파악하고 이해해야 한다.

잠재 니즈와 현재 니즈란?

- 상담 중에 고객이 문제나 불만에 대하여 이야기한다면, 이것은

잠재 니즈이다.

Ex) 경쟁이 점점 심해져 염려가 된다. (문제)

- 고객이 영업사원이 제공해 줄 수 있는 해결책에 대한 필요성을 표현하면, 그것은 현재 니즈이다.

Ex) 고열에 견디는 원료가 필요하다.

질문의 종류

질문은 일반적으로 2가지로 나뉘는데

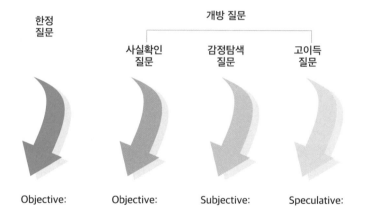

A. 한정 질문(Close Ended Question)

단순히 예, 아니오의 단답형으로 대답하는 질문으로 고객들의 참여를 이끌어 내는 힘이 부족하다.

닫힌 질문의 예로는

• 테스트해 보셨나요?

- 확인해 보셨나요?
- 더 추가하고 싶은 게 있으신가요?

B. 개방 질문(Open Ended Question)

고이득 질문(High Gain Question)

질문을 받은 고객이 풍성한 생각과 의견을 꺼낼 수 있도록 설계된 질문으로 고객이 한정 질문과 달리 고객의 적극적인 참여, 즉 더 길고, 더 서술적인 대답을 유도할 수 있다. 이러한 고이득 질문을 고객에게 한 경우에는, 반드시 당신이 공감하고 있다는 것을 표현해야 한다. 그래야 고객의 대화에 대한 참여도가 더욱 높아지고 고객의 심층적인 대답을 얻을 수 있다.

그 예로

- 현재 귀사 제품의 품질이 개선되지 않는다면, 향후 어떠한 상황이 발생되리라 생각하십니까?
- 'X'와 'Y'를 비교하여 어떻게 생각하십니까?
- 'X'를 달성하는 경우의 문제점 중에서 가장 중요하다고 생각되는 것을 3가지만 들어 주십시요.

이와 같이 고객 방문 시 고이득 질문을 사용하면 여러분들은 아래와 같은 여러 가지 이익을 얻을 수 있다.

- 방문 중에 고객이 말하는 시간을 늘린다.
- 문제에 대한 새로운 견해를 듣게 된다.

- 질 좋은 정보를 얻는다.
- 고객이 말하지 않았던 숨어 있는 문제를 표출시킨다.
- 여러분의 방문이 가치 있는 것이라고 고객이 생각하게 된다.

위에서 고객의 니즈를 파악하기 위해 고이득 질문에 대하여 알아보았고, 이제는 고객의 현재 상황을 심층 있게 파악한 다음 단계의 질문 기법에 대하여 알아보자.

사실확인 질문(Fact Finding Question)

고객의 현재 상황에 관한 사실 및 배경을 묻는 질문으로, 고객의 상황을 이해할 수 있는 중립적 사실 정보를 파악할 수 있다.

- 그 예로 최근 이슈가 된 클레임은 제품의 크랙킹(균열)문제인가요?
- 그러나 사실확인 질문은 성공적인 세일즈에서 매우 중요한 단계이지만, 지나치게 자주 하는 것은 고객의 신뢰를 잃을 위험이 있다. 그래서 사실확인 질문은 최소화하여야 한다.
- 올바른 사실확인 질문은 자연스럽게 잠재적 문제의 대화로 이어질 수 있다.
- 고객 방문 전에 사전 조사를 하고 사실확인 질문을 준비하라.
- 그 방법으로는 상품이나 서비스가 해결할 수 있는 잠재적인 문제들을 리스트한다.

감정탐색 질문(Feeling Finding Question)

현재 상황에서의 고객의 문제, 어려움, 불만에 관해 묻는 질문으로, 고객의 감정을 더 깊이 이해하고 공감하여, 고객의 어려움과 불만, 애로사항, 불편함을 명확히 표현하도록 도와준다.

- 그 예로 저희 제품 도입에 대해 어떤 기대와 우려가 있으신지요?
- 대화를 더 깊이 있게 만들고, 고객이 자신의 감정을 명확히 표현하도록 도와주어, 고객과의 문제에 대한 이해와 공감을 형성할 수 있도록 한다.
- 감정탐색 질문의 큰 장점은 영업사원이 해결할 수 있는 문제들을 밝혀낼 수 있고, 세일즈를 성사시키는데 필요한 기초 재료를 고객으로부터 얻을 수 있다.

여기서 중요한 관건은 고객이 언급한 문제를 명확히 하는 것이기에 문제 질문의 강력한 마법의 단어를 사용하여야 한다. 그것은 "Why(왜)?"이다.

고객이 "현재의 ~가 이슈입니다"라고 말할 때, 영업사원이 기다렸다는 듯이 바로 해결책을 제시하면 안 된다. 이때는 "어느 부분이 만족스럽지 않으십니까?" 또는 "왜 그것이 문제인가요?"라고 질문해야 한다.

여기서 Why(왜)?라는 질문은 아래와 같은 효과가 있기 때문이다.
- 고객 불만의 배후에 있는 이유를 더 잘 이해할 수 있게 한다.

- 관련된 문제나 영향을 밝혀 낼 수가 있다.

그리고 여러분이 고객사를 위하여 컨설턴트의 기능을 하는 프로페셔널로 인식하게 된다.

질문 시 주의할 점

- 질문하고 나면 반드시 기다릴 것(고객이 생각, 분석할 수 있도록) 절대로 먼저 답하지 마라. 고객이 먼저 응답하도록 하라.
- 답변을 살리는 피드백(공감하고 있다는 것)을 추가할 것(아주 간단히) "예, 중요한 포인트를 잘 말씀해 주셨습니다."와 같이 공감이 필요하다.

만일 질문 과정에 영업사원이 고객에게 공감을 표현하지 않으면 고객은 심문받고 있는 것처럼 느낄 수 있다.

압박을 가하지 마라

의사 결정의 순간이 가까워지면 고객의 불안은 증가하고 망설여진다.

"과연 내가 하려는 이 구매결정이 올바른 곳인지, 아닌지?"

이때는 고객에게 압박을 가하지 않는 질문으로 구매 가능성을 열어놓으면서 거래의 확률을 높여야 한다. 여기서 마법의 효과를 발휘하는 단어가 '만약'이다. '만약'은 위험 부담과 압박을 없애주기 때문이다.

- "만약 구매를 결정하신다면 언제 납기를 원하십니까?"
- "만약 구매하신다면 수량은 얼마나 될까요?"

그간의 다양한 학습을 통해 얻은 많은 지식들이 조합되어 새로운 좋은 질문을 만들기 위한 중요한 요소와 원동력이 될 것이다. 다시 말해 지식은 세일즈 성공의 핵심요소임을 잊지 말라. 아울러 질문은 단지 영업에만 적용되는 게 아니라 협상, 토의, 업무 협의 등등 여러분이 평생 유용하게 사용할 수 있는 말하기 기술이다.

그래서 꾸준한 학습을 통한 지식 함양(자기개발)이 필요한 것이다.

03 고객 방문 준비

가치 있는 방문을 준비하라! 오늘 고객 방문에 최선을 다하는 것이 최상의 영업이다.

- 고객의 산업과 관련된 제품 및 서비스에 대한 충분한 이해
- 해당 산업의 최신 기술 동향 및 업데이트에 대한 정보 습득하고 이해
- 얻고자 하는 정보(고객 니즈, 경쟁사 정보 등) 획득을 위한 질문 준비
- 고객은 우리 제품을 완전히 이해하고 있는가?

  ① 첫 방문 시에 회사 소개 PT

  ② 성공 사례(Case history)

- 나는 거래 성사 기법을 충분히 연습하고 준비했는가?

  고객 방문을 투자(Investment)로 생각하고 준비하여야 한다.

  여러분은 이것이 왜 투자라고 생각해야 하나 하고 의구심이 생길 수 있다. 왜냐하면 고객의 방문에는 소중한 시간과 경비가 투여

되므로 방문의 효율적인 결과를 얻기 위해서는 방문 전에 사전 준비를 잘 하여야 한다.

고객 또한 할 일이 많아 여러분에게 충분히 시간을 할애하지 못할 수 있다. 고객이 여러분에게 할애하는 시간을 투자라고 생각하라. 왜냐하면 고객은 자기 시간 투자에 걸맞는 가치를 여러분에게서 기대하고 만나는 경우가 대부분이다.

그래서 고객에게 시간이 별로 없다는 점을 배려하여 그 한정된 시간을 가능한 한 가치 있고 생산적으로 만들기 위해 영업사원은 최선의 노력을 다해야 한다. 이를 위해 고객 방문 전에 더 많이 준비하고 계획하여야 한다.

준비할 사항으로

- 지난번 방문 보고서(Call report) 잘 읽고 점검하여 지난번 방문 목적, 고객과 상담했던 내역, 요구 사항 등을 재점검하여 이번 방문을 잘 준비한다.
- 이번 방문에서 달성하고 싶은 것은 무엇인가?
- 타 부서와 동행 방문 필요 시 방문 전에 방문 목적, 고객의 예상 질문 등을 같이 점검하고 솔루션 준비
- 프레젠테이션 필요 시 사전 리허설로 효율적인 발표가 되도록 하여야 한다.

고객 방문은 고객과의 관계를 더욱 발전시키고 서로의 친분과 신뢰를 형성하는 데 큰 역할을 한다. 이 또한 비즈니스의 연장이기에 격식과 예절을 갖추어야 한다.

'답은 현장에 있다'란 말이 있다. 그 답(고객의 니즈)을 찾기 위해 현장(고객)을 방문하는 것이다. 고객을 이해한다는 것은 단순히 고객이 필요(Needs)로 하는 것만을 파악하는 것이 아니라 그 이상이어야 한다. 이번 방문에서 무엇을 얻을지(목표)를 생각하고 잘 준비하여야 한다. 또한 경쟁사에 관련된 사항도 반드시 확인하여야 한다.

여러분의 회사와 제품에 전혀 알지 못하고 있거나, 알고 있어도 무관심 상태인 고객에게는 우선 관심을 유발시키는 무엇인가를 여러분이 해야 한다.

우선 방문 약속을 잡아야 한다. 이때 가능하면 그 고객을 잘 아는 사람을 통하여 정중하게 소개를 받고 방문하는 것이 초면(처음 방문)에 유리하다. 그렇지 않고 전화 또는 메일로 방문 요청을 하면 거절당하기 쉽다.

- 첫 대면에서 인사를 정중히 마친 후에는
- 방문 목적에 대하여 간략히 설명을 하면서
- 준비한 자료(PT 또는 Hard copy)로 여러분 제품이 현재 사용되고 있는 사례(Case history)와 고객이 사용 시 얻을 수 있는 이익(Benefit)에 대하여 간단 명료하게 설명하는 것이 능력 제시(Show Capability)이며, 이 단계를 반드시 실행하여야만 무관심(Zero Interest)의 고객을 적은 관심(Low Interest)을 갖게 할 수가 있게 되어 다음 상담 단계로 자연스럽게 이동할 수가 있다.

스토리텔링(실제 사례 설명)의 장점

　세일즈에서 가장 효과적인 스토리는 다른 고객이 만족했던 실제 사례이다. 그런 스토리를 통해 잠재 고객은 여러분의 제품이나 서비스의 품질 혹은 가치에 확신을 갖고 예상보다 더 빠르게 거래를 할 수 있다.

• 스토리는 고객의 마음을 움직이게 한다. 스토리는 대화를 감정적으로 즐겁게 바꾸어 놓는다. 고객의 마음이 편해지면 편해질수록 고객은 스토리에 완전히 집중한다. 즉, 스토리가 고객의 마음을 움직이게 되고 영업사원의 제안에 호위적으로 반응할 가능성이 높아진다.

• 스토리는 계약을 이끌어 낸다. 스토리에 등장하는 다른 고객들은 영업사원 대신 영업을 한다. 고객은 실제 사례의 스토리를 들으면서 여러분 제품과 서비스에 대한 확신을 갖게 된다. 그래서 성공 스토리를 준비할 때는 세세한 부분까지 챙겨야 한다. 다른 고객이 여러분 회사의 제품과 서비스를 사용하면서 어떤 일(이득)을 얻었는지 설명해야 한다.
전체 스토리는 짧고 명확하며 흥미로워야 한다.

• 고객이 관심을 보이기 시작하면, 그 관심을 보다 강한 관심으로 만들기 위한 준비된 세심한 영업 기술(Skill)이 필요하다. 그것은

고객의 현재 상황을 조심스럽게 파악(탐색, Exporing)하는 것이다.

탐색이란 고객의 니즈와 현재의 문제를 체계적으로 밝혀내고, 조사하고, 명확히 하고, 이해하는 것을 의미한다. 고객들은 자신의 니즈를 충족시키거나 문제를 해결하기 위하여 구매하기 때문이다. 이때 준비된 좋은 질문 기법을 사용하여야 한다.

04 고객 방문 절차

고객 방문 절차와 상담의 기본 스킬을 이해하였으니,
이제 자신을 가지고 같이 상담에 도전해 보자.

모든 고객 방문의 흐름을 크게 정리하면 다음 페이지 도표처럼 시작, 진전, 종료(정리) 단계로 나눌 수 있다. 최초 그리고 재방문 시에도 반드시 적용해야 할 고객 상담 절차를 이해하여야 한다.

고객 방문은 영업사원이 왜 방문했으며(시작), 고객이 얻게 되는 이익은 무엇인가에 대해 설명하고(진전) 그리고 고객이 영업사원의 설명에 동의한 것을 확인 정리(종료)하는 과정으로 이루어진다.

시작 단계에서는 고객이 기대를 갖게 하고, 진전 단계에서는 고객이 관심을 보이기 시작할 때의 과정으로 많은 준비가 필요한 단계이다. 마지막 종료 단계에서는 주요한 점을 고객에게 다시 점검해 준다.

고객 상담 절차

| 시작 | 진전 | 종료 |

- 고객 방문 목적 제시
- 본 방문이 고객에게 주는 이익
- 고객이 방문 목적을 이해하고, 동의하고 관심을 가지고 있는지 확인

- 본 방문으로 고객이 얻을 이익 설명
- 고객 니즈(문제의식/필요성) 탐구
- 대안과 이득 제시
- 해결책 제시(가치 제안)

- 방문의 키포인트 요약하여 영업사원이 이해한 내용 확인
- 다음 행동(방문)을 제안하고, 고객의 동의 확인

처음 방문 시 : 새로운 고객을 처음 방문 시에는 첫 대화를 어떻게 시작하느냐에 따라 당일의 상담과 향후 일의 진행에 많은 영향을 끼친다. 첫 만남에서 자연스럽게 대화를 시작하는 방법을 소개하고자 한다. 제삼자의 칭찬을 전달하는 방법이 있다. 예를 들어 어느 누구의 소개로 새로운 고객을 방문했을 경우, 소개해준 분이 "여러분이 만나는 고객이 업무 수행에 있어서 경험도 많으시고 훌륭한 리더십으로 직원들 사이에서 신망이 높으신 분이라고 말씀 많이 하시더라"고 시작한다면 고객의 기분을 업(up)시켜 주면서 자연스럽게 다음 대화로 진전될 수 있다. 칭찬을 전하는 메신저에게 사람들은 언제나 약하기 때문이다.

성공적인 고객 방문(첫 방문 포함)은 고객중심적, 즉 고객의 관심사에 초점을 맞추어야 하며 아래의 3가지 요소로 구성되어야 한다.
- 방문 목적 : 목적을 제시함으로써 토의 범위를 규정할 수 있으며,

고객을 같이 논의할 분야로 집중시킨다.

"오늘 저는 지난주에 말씀하신 귀사의 ×××문제에 대하여 저희 회사가 제공할 수 있는 방법에 대하여 설명드리러 왔습니다." 이때 시선 처리를 잘 해야 한다. 고객에 대한 친근감, 신뢰를 갖고 상대의 눈을 바라보며 대화하라. 시선의 처리는 상대방에 대한 진실성의 표현과 집중이라는 측면에서 절대적으로 중요하기 때문이다. (`눈은 입보다 더 많은 것을 이야기한다.')

· 방문 이익 : 이번 방문이 주는 이익(문제 해결 방안)을 제시함으로써 고객이 왜 여러분과 귀중한 시간을 할애했는지와 고객의 문제를 해결해 줌으로써 고객을 도와주는 것이다.

· 점검 : 점검은 고객이 이번 방문의 목적을 이해하고 동의하고, 또한 관심을 가지고 있다는 것을 확인하도록 한다. 이때 점검을 위한 대화로는 간단한 단답형(Closed Ended Question) 질문으로, 고객이 여러분에게 동의하는지를 확인하는 것이다. 즉 탐색 단계로 이동하는 것이다. 상담의 시작은 고객 중심적이어야 한다.

"이것으로 도움이 될 수 있겠습니까?"

"제가 말씀드린 사항에 다른 질문은 없으신지요?"

마지막으로 그날 방문이 순조롭게 진행되었다 하더라도 그날의 방문을 효과적으로 정리하는 것은 판매과정을 성공시키는데 있어 매우 중요하다. 왜냐하면 효과적인 정리를 통해 여러분은 고객으로부터 장래 고객의 행동에 대한 약속을 받아 낼 수 있기 때문이다.

방문을 정리하는 단계로는

- 키포인트를 요약하여 여러분이 이해한 내용을 고객에게 확인한다.
- 다음 행동을 제안하여, 고객의 동의를 확인한다. 예를 들어 다음 방문의 목적과 날짜를 정한다.
- 고객회사의 다른 부서 업무에 관련된 사람을 만나고 싶다고 제안한다.
- 다음 방문에 기술 자료, 성공 사례 그리고 필요 시 시연 등과 같은 사항을 준비하겠다고 한다.

그리고 특별한 이슈가 없는 방문 시 확인해야 할 사항들은

- 시간이 허락하는 대로 주요한 부서를 방문하여 필요한 심층 정보 입수
- 생산 현장 라인을 방문하여 생산 조건이 혹시 바뀌지 않았는지 확인 및 자사 제품의 성능 확인 및 이슈들 점검
- 고객 창고 방문하여 자사 제품의 포장 상태 및 재고 확인. 아울러 경쟁사 제품의 포장, 재고 파악으로 경쟁 상황 점검(시장 점유율 확인 가능)
- 경쟁사 동향 점검(경쟁사 방문, 제품 테스트, 새로운 제안 등등)

이처럼 고객 방문 시 고객과 함께 보내는 시간의 질을 높여 여러분과 고객 모두에게 조금 더 생산적이 되도록 잘 준비하여 가치 있

는 무엇인가를 늘 고객과 공유할 수 있어야 한다.

이렇게 하면 고객과 함께 보내는 시간을 좀 더 생산적으로 쓸 수 있고, 그리고 고객은 여러분의 치밀한 준비와 시간 절약을 위한 배려에 감사할 것이며, 아울러 고객은 여러분의 제품이나 서비스를 필요로 하건 아니건 상관없이 여러분의 전문성에 만족하고 여러분이 고객회사를 돕고 싶어 하는 사람이라 인식하며 여러분에 대한 신뢰가 더욱 커질 것이다.

그리고 고객과 대화 시 고객이 기꺼이 마음을 터 놓고 여러분과 대화하길 원한다면 대화 시 고객이 여러분으로부터 존중받는다고 느끼게끔 행동하는 것이 중요하다. 또한 고객이 이야기를 할 때 몸을 살짝 앞으로 기울이면 고객은 이를 경청의 제스처로 받아들이게 된다.

고객과 처음 대화를 나눌 때 주의를 기울여야 할 요소는 3V로 표현할 수 있는데 이는

- 말(Verbal) : 자신이 하는 말
- 음성(Vocal) : 말투와 어조
- 표정(Visual) : 표정과 몸짓 언어를 말한다.

05 고객의 구매 단계 이해

판매과정 중에서 영업사원은 고객의 체계적인 구매단계를 거치게 된다. 아래 각각의 단계는 판매과정의 진전에 따라서 고객이 어떻게 느끼고 있는가를 보여준다. 각각의 단계마다 서두르지 말고 차분히 신중하게 대응하는 여러분의 스킬이 필요하다.

고객의 구매단계에 대한 전반적인 이해가 없으면 경쟁사 제품을 쓰고 있는 고객의 마음을 돌리기가 쉽지 않다. 처음 고객 방문에서부터 최종 거래의 성사까지는 수개월 또는 그 이상이 소요되기도 한다. 그래서 단 몇 번의 방문으로 거래가 성사되지 않는다고 실망하여 포기하지 말고 인내심을 가지고 왜 고객이 다음 단계로 움직이지 않나 잘 분석하며 대응하여야 한다.

고객의 구매단계에서 어떤 경우에도 영업사원은 고객에게 항상 주목하고 있어야 한다. 왜냐하면 고객이 구매단계의 어느 단계에 있는지를 파악하고 거기에 맞추어 여러분의 판매전략을 개발하여야 하기 때문이다.

아래 고객의 구매단계를 잘 이해하고 숙지하여 각각의 단계에 따른 적절한 대응을 해야만 성공할 수가 있다. 이제 고객의 구매단계에 대하여 알아보자.

고객의 구매결정 단계

각각의 구매 단계는 영업사원의 영업활동에 대하여 고객이 느끼는 감정을 나타낸다.

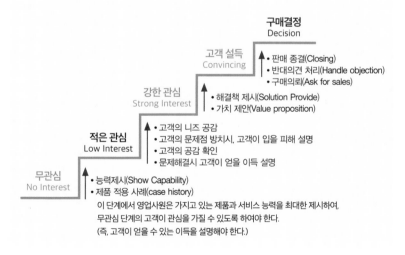

각각의 단계마다 고객이 구매단계를 밟게 하는 판매전략이 있다.

고객은 최초 단계에서는 여러분의 제품 또는 서비스에 거의, 또는 전혀 흥미를 갖고 있지 않는 경우가 대부분이다. 제1단계로 나아가기 위하여 영업사원이 이용해야 할 판매전략은 능력 제시이다. 이러한 고객의 무관심(No Interest)을 관심을 가지게 하는 전략이 필요한데, 이것을 능력제시(Capability Statement)라 한다.

능력제시란 고객이 여러분의 회사와 거래함으로써 생길 수 있는 이익(Benefit)을 설명하면서, 그러한 이익들을 고객이 현재 가지고 있는 필요성(Needs)과 관련(matching)짓는 가능한 한 많은 지식에 의거한 것이어야 한다.

능력의 제시는 단순히 영업사원이 영업 판매과정을 시작할 기회를 얻기 위한 수단에 불과하다는 점을 명심해야 한다. 그래서 고객 방문 전에 해당 업계 및 고객의 특정한 상황을 잘 파악하여 준비를 철저히 해야 한다. 능력의 제시는 간결(simple & specific)해야 한다. 왜냐하면 고객은 여러분의 제품이나 서비스에 관심이 없고 여러분의 방문에 긴 시간을 할애하지 않기 때문이다.

효과적인 능력 제시는,
• 고객의 흥미를 끌기에 충분하면서 특별한 내용이어야 하며
• 여러분 회사의 능력과 고객의 필요성(needs)에 결부시키고

- 경쟁사와 차별화(differential)되어야 한다.

결론은, 능력의 제시는 고객의 개별적인 상황에 알맞은 것이어야 하며, 여러분의 조직이 고객을 위해 제공할 수 있는 합당한 이익을 포함하고 있어야 한다.

앞 페이지의 도표에서 보듯이 제1단계에는 고객은 여러분의 제품 또는 서비스에 흥미를 별로 갖고 있지 않다. 제2단계로 진전하기 위해서는 고객이 현재 가지고 있는 문제점(이슈)이나 필요성(니즈)에 대한 중요한 고객의 정보를 많이 탐구하여 알아내야 한다.

앞 페이지의 도표 고객의 구매단계 전 과정에 걸쳐서 다른 어떤 단계보다도 이 단계에 많은 시간과 노력을 투입해야 한다. 여기서 영업사원이 전념해야 할 분야는 아래와 같다.

A. 필요성을 탐구한다. 필요성은 고객의 현재 상태와 그가 바라는 상태 사이의 갭(Gap)이다.

B. 문제 결과와 고객 이득에 탐구한다. 문제 결과란 고객이 이러한 갭(Gap)을 해결하지 않거나, 또는 필요성을 충족하지 않은 경우에 향후 생겨날 부정적인 결과를 말한다. 문제 결과에 대처하기 위한 고객과의 대화에서 영업사원은 고객이 행동을 하는 것이 긴급히 필요하다는 의식(sense of urgency)을 고객에게 일으켜야 한다. (잘 준비된 질문 요법인 고이득 질문 사용)

여기서 이득이란 고객이 이러한 갭을 메우거나, 또는 필요성을 충족시킨 경우에 얻게 되는 이익을 말한다. 이득이 어떤 것인지에 대해 인식하게 됨으로써 고객은 구매해야 할 제품이나 서비스의 유용성을 마음속에 그릴 수 있다.

C. 대안(Option)을 탐구한다. 대안은 고객이 갭을 메우고 필요성을 충족시키기 위해 고려해야 할 선택적인 사항이다.

고객이 여러분의 제품 또는 서비스에 강한 흥미를 갖게 되면 이제 제2단계로 들어가야 한다. 여기에서는 해결책을 제시해야 한다. 이때 효과를 높이려면, 고객의 필요성을 여러분의 제품 또는 서비스에서 얻을 수 있는 이익과 결부시켜야 한다.

제3단계에서는 여러분의 제품 또는 서비스가 고객의 필요성을 충족시킨다는 점을 납득시키고, 최종 단계로 가기 전에 판매를 마무리하여야 한다. 마무리는 직접적이고, 간결하고, 거짓이 없어야 한다. 그것은 효과적인 해결책을 제시함으로써 얻게 되는 이론적인 효과이다.

효과적인 마무리는 고객을 제4단계, 즉 최종단계로 진행시키고, 이때 고객은 여러분의 제품 또는 서비스를 고객의 필요성(니즈)을 충족시키는 수단으로 결정할 것을 결심한다.

여기서 중요한 사항은, 고객이 반드시 4가지 구매단계를 하나씩 차례대로 밟게 할 필요는 없을지도 모른다. 여러분이 고객을 만났을 때 고객이 언제나 구매단계의 첫 단계에 있는 것만은 아니다. 만일 고객이 이미 납득한 단계에 있다면, 여러분은 고객의 필요성을 탐구하기 위한 질문을 할 필요는 없다. 어떤 경우에도 여러분은 고객에게 주목하고 있어야 한다. 그래야 고객이 구매과정의 어느 단계에 있는지를 파악하고 거기에 맞추어 여러분의 판매 전략을 개발하여야 한다.

필요성의 탐구

고객은 여러분 제품이나 서비스가 무엇을 할 수 있는지 보다 제품이나 서비스가 가져올 최종 결과가 무엇일지에 더욱 관심이 있다. 그것들은 대개 다음과 같은 두 가지의 필요성으로 분류할 수 있다.

- 무엇인가를 증가시킨다. (increase something)
- 무엇인가를 감소시킨다. (decrease something)

무엇인가를 증가시킨다. 고객은 증가시키는 것을 필요로 하고 있다.

- 상품의 질
- 서비스의 질
- 생산 속도/생산성

- 이익률
- 투자 수익률(ROI)
- 사무 능률

무엇인가를 감소시킨다. 고객은 감소시키는 것을 필요로 하고 있다.

- 구매 경비
- 불량률
- 유지 보수 비용
- 고객의 불평
- 소요 경비

07 갭의 발견

고객의 필요성을 발견하기 위해서는 고객이 증가시키고자 하는 것과 감소시키고자 하는 것이 무엇인지를 찾아내는 것이 중요하다.

그것들을 찾아내는 것은 현재의 상태와 바람직한 상태 사이에 놓인 갭이 어떤 것인지를 발견해 내는 과정에 도움이 된다. 다시 말해서, 현재 고객의 상황이 어떤 것이며 그것을 장래에 어떻게 변화시키고 싶은지가 갭으로 나타난다.

고객의 필요성과 관련하여 영업사원은 고객이 갖고 있음직한 필요성을 방문 전에 미리 예상하고 이에 적당한 질문을 미리 개발하여야 한다.

갭(Gap)의 탐구

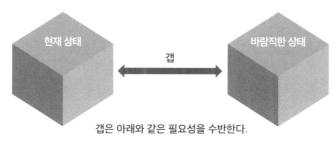

갭은 아래와 같은 필요성을 수반한다.

- 무엇인가를 증대시킨다.
- 무엇인가를 감소시킨다.

무엇인가를 증가시킨다. 아래는 무엇인가를 증가시키는 일과 관계되는 필요성이다.

현재 상태	바람직한 상태
• 15%의 시장 점유율	• 30%의 시장 점유율
• 현재의 원자재 가격	• 원자재 가격 인하
• 현재의 원자재 품질	• 원자재 품질 개선
• 현재의 대리점 매출	• 대리점 매출 증대

무엇인가를 감소시킨다. 아래는 무엇인가를 감소시키는 일과 관계
되는 필요성이다.

현재 상태	바람직한 상태
• 현재의 생산 원가	• 현재보다 낮은 생산 원가
• 생산 불량률 5%	• 생산 불량률 1%
• 현재의 높은 물류 비용	• 물류 비용 10% 감축
• 현재의 보험료	• 보다 저렴한 보험료

08

갭의
구체화

고객의 필요성을 탐구하라.

　모든 고객이 현재의 상태와 바람직한 상태 사이의 갭을 명확하게 정의하고 있다고는 말할 수 없다. 이때는 애매하게(막연하게) 정의된 문제를 통해서 명확한 필요성의 상태로 전환시키는 것이 필요하다. 이것이 보다 구체적이고 명확할수록 고객은 행동을 일으킬 필요를 인식할 가능성이 높아진다.

　그래서 영업사원은 고객이 갖고 있음직한 필요성을 예상하면서 방문의 준비를 해야 한다. 필요성을 탐구할 때는 질문, 공감 및 확인이라고 하는 기본적인 판매기법을 사용하는 것이 매우 중요하다.

갭의 구체화

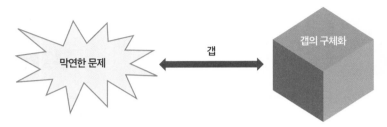

모든 고객이 현재의 상태와 바람직한 상태 사이의 갭을 명확하게 정의하고 있다고 말할 수 없다.

• 영업사원이 수행할 수 있는 하나의 중요한 역할은, 고객이 그 갭을 명확하게 인식하도록 돕는다. 그래서 영업사원은 고객이 갖고 있음직한 필요성을 예상하면서 고객 방문을 준비해야 한다.

고객의 현재 상태와 바람직한 상태 사이의 갭을 명확히 하기 위하여 고이득 질문(High Gain Question)을 사용하라. 고이득 질문이야 말로 필요성을 명확히 하기 위한 관건이다.

고객에게 현재의 상황을 분석 또는 평가하도록 요청함에 따라서 영업사원은 고객으로 하여금 문제를 진단하고 필요성을 구체화하도록 할 수 있다. 고이득 질문에 대한 답변은 보다 깊은 문제와 고객이 고려해야 할 중요한 문제를 구체화시킬 가능성을 더욱 높여 준다.

09 문제 결과에 관한 탐구

단계 1 (탐구해야 할 갭 선정)

탐구해야 할 갭을 선정하는 경우에는, 영업사원의 제품이 해결책을 제시할 수 있는 갭을 선정해야 한다.

질문을 하면서, 영업사원이 해결책을 제시해 줄 수 없는 갭에 직면할 경우가 있다. 따라서 그 고객에 대해 다시 탐구함으로써, 영업사원이 그 해결을 도울 수 있을 만큼 갭이 구체화될 때까지 계속 귀를 기울이면서 질문하는 것이 관건이다.

단계 2 (갭과 문제인식을 결부시킨다)

탐구해야 할 갭을 발견했다면, 고이득 질문을 활용함으로써 그 갭
이 종결되는 것을 확인할 수 있다.

Ex) 그러한 품질 문제는 시장에서 귀사의 평판(reputation)에 어떤
영향을 미칠까요?

아래 그림은 영업사원이 갭을 문제와 결부시킬 때 탐구해야 할
몇몇 잠재적인 문제 분야를 보여준다.

갭을 문제 결과와 결부시킬 때 탐구해야 할 몇몇 잠재적인 문제 분야

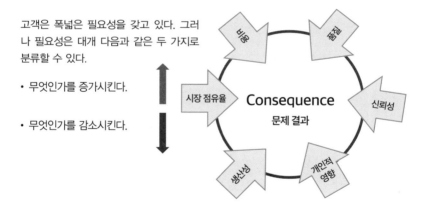

고객은 폭넓은 필요성을 갖고 있다. 그러
나 필요성은 대개 다음과 같은 두 가지로
분류할 수 있다.

• 무엇인가를 증가시킨다.

• 무엇인가를 감소시킨다.

• 생산원가 – 재무적 영향, 수익성
• 품질 – 품질에 대한 고객의 인식 또는 기대와 그것에 대한 여

러분의 제품 또는 서비스의 적합성
- 신뢰성 – 제품 또는 서비스를 사용할 때 잘 기능하고 있는가?
- 개인적 영향 – 고객의 업적 또는 경력(진급)에 미치는 영향은?
- 생산성 – 업무 성과의 양과 질

갭의 인식에 관하여 서로 이야기함에 따라 그 갭은 크게 느껴지고, 그것이 고객에게 행동을 유발시키는 계기가 된다.

고객의 문제점을 탐구하는 이유는 간단하다.

- 작은 갭은 미약한 관심밖에 불러 일으키지 못하기 때문에 고객의 행동을 유발시키기가 어렵다.
- 반면에 커다란 갭은 보다 강한 관심을 불러 일으켜 행동을 유발시키기가 쉽기 때문이다.
- 영업사원이 질문을 통하여 갭을 넓히면 행동을 유발시키는 것이 급선무라는 고객의 인식이 강해진다.

갭 넓히기

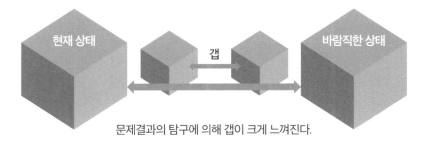

문제결과의 탐구에 의해 갭이 크게 느껴진다.

단계 3 (이득의 탐구)

갭의 종결을 확인한 후에는, 다음 단계에서 고객이 갭을 메우기 위한 행동을 일으킴으로써 얻게 될 이득(Benefit)에 대해 질문을 활용하여 탐구한다.

Ex) 이러한 문제가 해결되면 귀사가 얻는 이득은 어떤 것입니까?

• 문제를 해결함으로써 얻는 생산성 향상 이외에 그 밖에 어떠한 이득을 생각할 수 있을까요?

고객이 이득을 표현하기 시작하면, 고객은 항상 영업사원의 말보다도 자신의 말에 의해 강하게 설득된다. 또한 고객은 영업사원이 생각하지 못했던 이익을 명확히 한다. 이와 같이 고객 스스로가 문제를 인식하고 이에 따른 이득을 탐구하도록 도움으로써 고객이 문제 해결을 위한 행동을 취하는 것이 중요하다는 인식을 하도록 하게 하는 것이 중요하다.

대안(Option)

가) 대안의 탐구

갭, 문제 결과 및 이득에 대해 탐구한 후에, 영업사원은 해결책을 바로 제시하고 싶은 유혹에 사로잡히게 된다. 그러나 해결책을 제시하기 전에, 고객의 문제를 해결하는데 적극적으로 도와줌으로써 신뢰감을 더욱 쌓을 수 있다.

　고객의 문제를 해결하기 위한 대안을 도와줌으로써 고객은 영업사원을 진실한 어드바이스로 생각하게 되고, 그 결과로서 여러분의 제품이나 서비스를 구입하게 된다.

　고객이 대안의 선택에 의해 구매에 깊이 참가하면 할수록, 고객은 이전 보다 구매에 더 적극적이 된다. 또한 영업사원은 고객과 같이 대안을 탐구하면서 경쟁사와 차별화를 이룰 수가 있다.

　대안의 탐구는 복잡한 것일 필요는 없으며, 실제 그것은 다음과 같은 2가지 간단한 단계로 완료된다.

- 영업사원이 제공할 수 있는 대안의 분석
- 대안에 관한 고객과의 검토

나)　대안의 분석

　대안의 분석은 대단히 중요한 단계임에 불구하고, 판매과정에서 종종 무시되고 있다. 대안을 탐구하지 않으면 해결책의 발견에 고객이 참가할 기회를 잃게 되어 영업사원에게도 거래 성사의 기회를 놓칠 수가 있다.

　대안의 분석에는 여러 가지 방법이 있는데, 대안을 구체화하는데 도움이 되는 대안 탐구표를 소개한다.

대안 탐구표

고객 이름 :　　아사히 글라스 (Asahi Glass)

고객의 니즈 :　　여름 장마 기간중 접합 안전유리 수포 발생

고객에 대한 가치 요소

대안	기술 지원	납기	상품 포장	운송 방법	가격	결재 조건
	• 샘플 trial	• 발주 후 15일내	• 냉장용 알루미늄 포장 from Korea	• 냉장 콘테이너 트럭 운송(10~12도)		• 납기후 30일 신용
단계적 접근	• 정기적 방문지원 (2회/월)	• 안전 재고 비축	• 250m/Roll	• 냉장 트럭으로 내륙 운송		
장기적 접근	• 일본기술요원 정기적 방문 • 고객 품질 모니터링 (샘플 채취 후 분석 리포트 작성 제출 2회/월) • 글로벌 기술 부장 (기술미팅, 품질 세미나)	• 거래처 근처 냉장 창고에 재고 비축	• 냉장용 알루미늄 포장 • 250m/Roll	• 냉장 트럭 운송 (10~12도 유지)	• 구매 물량에 따른 가격 변경	• 구매 물량에 따른 조건 변경

작성법 :

1) 고객의 필요성(니즈)을 좌측 상단에 기입한다.

2) 고객의 현 상황에 대하여 영업사원이 입수한 정보에 의거하여 좌로부터 순서대로 가치요소를 적는다. 이것들은 고객의 입장에서 보아 고객의 필요성을 충족시키는데 가치를 부여할 수 있는 변수들이다.

가치요소의 간단한 예로서는 :

• 가격 지불 조건

• 품질 서비스

• 납기 포장

가치요소는 고객의 특정한 필요성에 따라 기술하라.

3) 가장 좌측란에는 고객의 필요성을 충족시킬 수 있는 것으로서 영업사원이 제공할 수 있는 대안(상품 또는 서비스)을 리스트업 한다.

4) 영업사원이 제시한 각각의 대안에 관하여, 고객의 가치요소마다에 고객의 필요성을 가장 잘 충족시킬 수 있는 설명을 한눈에 알아보기 쉽도록 기입하라.

다) 대안에 관한 고객과의 논의

대안을 작성한 다음, 대안들을 고객과 논의한다.

1) 필요성, 문제 결과 및 이득에 대해 요약하고 그것들을 점검한다.

2) 대안 리뷰 (질문을 통하여)

• 문제 해결을 위하여 지금까지 시도해 본 것이 무엇이며 결과는 어떠했는지?

이 질문을 통하여 영업사원은 고객이 무엇을 이미 생각하고, 또는 시험했는지를 이해할 수 있으므로 고객에게 도움이 되지 않을 대안을 제안하지 않을 수 있으며 제시한 대안을 업그레이드할 수 있다.

3) 고객과 함께 대안을 평가한다.

각각의 잠재적인 이익과 단점을 고객과 의논하면서, 고객이 대안을 평가할 수 있도록 도와줄 것.

라) 특성과 이익(이득)

상점은 무엇을 팔았는가?   남성 고객은 무엇을 샀는가?

위 그림은 프랑스 보르도 셍 떼스테프(Saint-Estephe) 지역의 고급 와인인 깔롱 쉐기와인으로 라벨에 하트 모양이 그려져 있다. 이러한 하트가 그려져 있는 라벨의 특징으로 발렌타인데이에 연인들 사이에 선물로 많이 판매되고 있다. 이 와인을 선물하는 사람의 이득은 말로 아닌 하트가 그려져 있는 와인으로 사랑을 표현할 수 있다는 이득 때문에 구매하게 된다.

고객이 영업사원이 얘기하는 특징과 이익의 차이를 잘 이해하게 되면, 고객으로부터 호의적인 반응을 얻게 되어 판매를 성사시킬 수 있는 가능성을 증대시키는데 도움이 된다.

특성이란 제품 또는 서비스의 성질을 말한다. 그러나 사람들은 어떤 제품을 그 특징 때문에만 구입하는 것은 아니다. 그들은 그 제품이 무엇인가를 달성하는데 도움이 되기 때문에, 다시 말해 그 제품의 특징이 자신에게 특정한 이익을 제공하기 때문에 구입하는 것이다.

이득이란 그 제품의 한 가지 또는 그 이상의 특징이 사는 사람을 위하여 특정한 유리함, 개선, 또는 만족을 제공하는 것을 말한다.

간단히 말하면, 특징이란 제품의 상태 또는 작용을 뜻하며, 이익이란 그 제품이 고객에게 실질적으로 가져다 주는 사항이다.

마) 이득과 필요성을 관련짓는다.

영업사원은 특징과 이익의 차이를 잘 인식하여야 한다. 비록 영업사원이 이익을 설명하고 있을 때라도 고객의 특정한 필요성과 결부된 이익에 초점을 맞추는 것이 중요하다. 즉, 일반적으로 이익이라고 생각된다 하더라도 그것이 그 특정 고객의 필요성을 만족시켜주지는 않는 것이다.

바) 필요성을 구체화시킨다.

필요성의 구체화

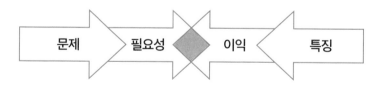

영업사원의 역할 :

(1) 일반적인 문제를 특정한 필요성으로 바꾼다.
(2) 그것들의 필요성을 여러분의 제품 또는 서비스의 특징과 결부시킨다.

(3) 그것들의 이익과 특징을 설명하라.

(4) 그리고 고객의 문제와 여러분의 특정한 제품 또는 서비스를 결부시킨다.

사) 이익에 관해서 대화한다.

고객과 이익에 관하여 교섭하기 위한 2가지 방법이 있는데, 첫 번째 방법은, 이익에 대해 먼저 설명하고 다음에 '왜냐하면' 등의 어구를 이용하여 특정한 필요성에 맞는 이익을 특징과 결부시키는 방법이다.

두 번째 방법은, 제품의 특징을 먼저 설명한 다음 "이것은 당신에게 있어서 ~~한 효과가 있습니다."라고 한다.

위의 어떤 경우에도 영업사원은 고객이 자신의 니즈에 맞다고 명확하게 인식할 수 있는 이익을 제공해야 한다.

10 고객의 불만사항 대처 방법

불만은 무응답보다 긍정적인 신호다.

업무를 수행함에 있어 문제 상황이 발생하였을 경우에 당황해하지 말고 창조적이고 논리적인 사고를 통하여 문제를 올바르게 인식하고 적절히 해결해야 한다.

영업사원은 고객의 불만 처리 능력을 반드시 보유해야만 하고 영업부장은 이 능력을 부하 직원이 갖도록 개발시켜 주어야 한다.

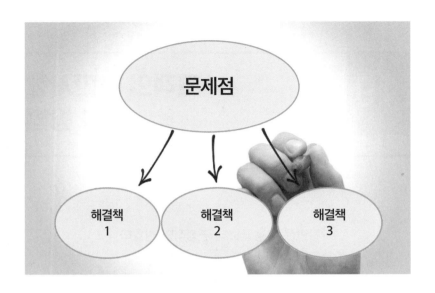

영업의 과정에서 제품에 대한 또는 서비스에 대한 크고 작은 고객의 불만사항(Complaint)이 발생하는 경우가 종종 있다. 이 불만사항을 어떻게 잘 처리하는가에 따라 고객의 반응도, 사업의 성패도 달라질 수 있다. 그래서 영업사원 및 해당 부서 전 직원은 고객의 불만사항에 대한 대처 방안에 대하여 교육을 받을 필요가 있다.

고객의 반대의견이나 클레임은 우선 신속하게 잘 대응하여야 한다. 나의 경험으로 아래의 순서대로 대응한다면 고객의 불만을 가라앉히며 고객과 함께 해결책을 찾을 수 있을 것으로 본다.

상담 시 고객 반대의견 처리

상담 시 고객의 반대의견은 자연스러운 현상이다. 반대의견을 보다 상세한 정보를 제공할 수 있는 기회라고 긍정적으로 생각하라.

반대 의견 대처 과정

공감 Encouraging	질문 Questioning	확인 Confirming	해법 제공 Providing	점검 Checking
긍정적인 자세로 잘 경청하라.	문제점이 무엇인지 상세히 질문한다.	들은 내용이 맞는지 확인한다.	고객에게 상세히 설명(실제 사용 사례)	고객이 대안을 검토할 시간을 주고, 다음 약속을 정한다.

- **공감하기(Encourage)**

클레임 발생 시 설사 문제의 원인이 고객 측에 있다고 추측되더라도, 그 점을 먼저 부각하지 말고 화가 난 고객이 현재의 감정(기분)을 표현할 때 우선 잘 들어주는 것이 중요하다. 예를 들어 가능한 빨리 고객을 방문하여 "이번 일이 발생되어 유감스럽게 생각하며 상당히 실망하셨겠습니다"라고 정중하게 표현을 하는 이 과정을 거치면 고객은 감정이 서서히 안정되고 이제 여러분의 설명에 귀 기울이기 시작한다.

그렇다고 이러한 대응은 반드시 고객의 생각에 전적으로 동의

하고 있다는 것을 의미하는 것은 아니다. 왜냐하면 문제의 원인이 아직 완전히 파악된 것이 아니기 때문이다. 단지 다음 단계로 쉽게 넘어가기 위하여 고객의 현재의 기분을 여러분이 이해하고 있다는 것을 표시하는 것뿐이다.

● **질문하기**(Questioning)

이제 고객 방문 전에 고객의 불만(Claim) 사항의 현상과 원인에 관련한 정보를 얻기 위하여 잘 준비한 질문을 시작하라.

질문의 종류:

– 한정 질문(Closed ended Question) : 단순히 Yes, No로 대답

– 고이득 질문(High Gain Question) : 고객으로 하여금 분석하고 좀더 생각하게 하여 현재의 상황, 예상되는 원인 등에 관하여 고객으로부터 양질의 정보를 얻을 수 있게 하는 질문. 이와 같이 질문하고 답을 하고, 또다시 질문하는 과정에서 서로의 마음이 열리고 생각을 공유하게 되어 문제 해결을 위한 솔루션이 창출된다. 이러한 과정을 통하여 여러분과 고객과의 관계는 더욱 가까워지고 여러분을 신뢰할 수 있는 사이가 될 것이다.

● **확인하기**(Confirmation)

이러한 질문을 거치면서 고객으로부터 얻은 정보(문제의 원인 등)

에 대하여 영업사원이 잘 알아듣고 이해하였는지에 대한 확인을
하는 과정으로서

- 고객과 대화 중 중요한 점을 잘 메모하고(List up)
- 여러분이 이해한 것을 고객에게 확인시키며 "이것으로 제가 현재의 상황을 잘 이해했다고 할 수 있겠습니까?"라고
- 대화를 정리해야 한다. 이 과정을 통하여 고객은 여러분의 문제 해결 능력에 대한 신뢰감을 더욱 갖게 되고 안심을 하게 될 것이다.

- **해결방안 제공(Providing Solution)**

클레임에 관한 그간의 조사 과정을 거쳐 확인한 사항과 그에 대한 해결책을 제시하는 과정으로

- 오해의 경우에는 명확히 설명하고, 의심하는 경우에는 증명을 해 보여라. 자사의 제품에 실제의 결점이 있을 경우에는 위축되지 말고 자사 제품에서 고객이 얻고 있는 점들을 거시적으로 보게 하라.

- **점검(Checking)**

상기의 과정을 거친 뒤 고객의 불만이 해소되었는지에 대하여
고객에게 다시 한번 확인을 하라.

11 효과적인 프레젠테이션 스킬

프레젠테이션의 주된 목적은 정보를 효과적으로 전달하고 고객의 이해를 돕는 것이다.

잘 준비된 프레젠테이션은 고객을 설득할 수 있는 강력한 도구이다. 그래서 이 장에서는 효과적인 프레젠테이션 방법과 프레젠테이션 단계에 대하여 알아보고자 한다.

효과적인 프레젠테이션 방법

- 간결할 것(초점을 맞출 것) : 고객에 대해서 말이 많고 장황한 프레젠테이션을 해서는 안 된다.
- 열의를 보일 것 : 영업사원이 자기 회사의 제품 또는 프레젠테이션에 대하여 정열을 갖지 않거나 또는 활발하지도 않다면 고객도 그런 상태가 될 수밖에 없다.
- 반응을 잘할 것 : 질문이나 반대의견은 프레젠테이션의 끝까지 남겨두지 말고 나올 때마다 대응하라. 반대의견을 잘 처리함에 따라서 이야기를 진행시킬 기회를 얻을 수 있다.
- 고객을 참여시켜라 : 설득력은 설득을 위해 이야기할 때보다도 고객을 참가시킬 때 더욱 효과가 있다. 효과적인 프레젠테이션은 결코 긴 강의가 되어서는 안 된다. 오히려 계획된 시간 내에 고객을 참여시키도록 노력해야 한다.

효과적인 프레젠테이션의 단계

1) 목적을 명확히 한다 : 특정한 의제에 관하여 서로 이야기할 수 있도록 목적을 명확히 하라. 단, 고객의 필요성에 맞출 수 있도록

충분히 유연성이 있도록 준비한다.

2) **필요성과 이익을 재검토한다** : 프레젠테이션을 준비하기 전에, 그간의 고객 방문 리포트(call report)를 재검토하여 아래 사항을 확인하라.

- 고객의 필요성이 확인되고, 문제인식 및 보상에 대해 탐구되고, 옵션에 대하여 서로 이야기를 나누고 평가된 상태인지
- 고객의 니즈, 문제인식, 보상, 대안(options)을 명확히 그리고 간결하게 정리할 수 있는지
- 새로운 또는 이전에 예기치 않았던 필요성(unmet needs)이 있었는지

3) **독특한 서비스 패키지를 만든다** : 가능한 옵션에 관하여, 고객의 문제를 해결할 수 있는 제품 또는 서비스 패키지를 만들어라.

- 가능한 옵션에 관하여, 영업사원의 분석 및 고객과의 상담을 통해 문제를 해결할 수 있는 제품 또는 서비스를 만든다.
- 고객에게 가치의 원천(가격, 제품, 납품, 서비스 등)이 되는 요소들을 주의 깊게 검토한다.
- 고객의 상황에 맞추어 특별히 고안된 제안(해결 방안)으로 고객의 문제를 해결함으로써 경쟁자와 차별화될 수 있고, 고객에게 도움이 되거나 고객의 필요성에 맞는 솔루션을 개발할 것.

4) **프레젠테이션을 잘 구성한다** : 영업사원이 지금까지 획득한 정보를 기초로 하여 완전히 준비해야 한다.

- 고객이 예기치 않고 있는 사항 등을 일체 프레젠테이션 속에

포함시켜서는 안 된다. 지금까지 고객과 토의해온 모든 과정에 의거하여 프레젠테이션을 구성하라.

- 프레젠테이션의 기본요소(시작, 요약, 솔루션 제시, 정리)로 잘 계획되어야 한다.

5) 참가자를 분석한다 : 고객의 참가자(대부분 구매집단 구성원) 성함, 직급, 해당 부서 내 역할, 참가자 개개인의 니즈와 필요성을 알아야 한다.

6) 관련된 전략을 재검토한다 : 어떤 우선 요인 또는 전략적인 배려를 준비해 놓는 것이 중요하다. 예를 들면 아래의 질문에 대한 대답이 당신의 프레젠테이션의 설계 및 내용에 영향을 미치는 경우가 있기 때문이다.

- 무언가 숨겨진 의제는 있는가?
- 당신의 제품 또는 서비스가 고객의 조직 내에 낮게 평가되고 있지 않은가?
- 고객이 당신의 생각에 동의했을 때, 그것을 채용할 수 있는가?

7) 반대의견을 예상한다 : 지금까지 고객과 진행해온 작업에 의거해서, 프레젠테이션의 진행 중 또는 그 후에 발생할지도 모르는 어떠한 질문 또는 반대 의견을 예상하고 프레젠테이션을 준비하라. 그러한 질문은 이전에 그 고객에게서, 또는 같은 상황 하에서 다른 고객으로부터 받은 적이 있었을 수도 있다.

8) 프레젠테이션 기법을 연습한다 : 프레젠테이션의 실시는 사전에 연습 없이 바로 시작하는 것이 아니라, 계획과 연습을 해야 한다.

- 프레젠테이션을 시작할 때, 긴장감을 갖게 될 수 있다. 이를 극복하기 위해서는 듣는 사람 중 한 사람의 눈을 보고 짧게 이야기를 한다. 다음에는 다른 사람에게 시선을 옮겨가며 진행한다. 이 테크닉은 또한 듣는 사람의 반응 및 주의력에 신경을 집중한다.
- 고객의 지지를 얻으려면 목소리에 설득력과 감정을 첨가하도록 한다.
- 제스처는 주의 깊게 사용하지 않으면 주의를 분산시킨다. 손은 어떤 점을 강조하기 위해 사용할 때 이외는 몸 옆으로 내려져 있을 것.
- 항상 자신의 자세를 의식하라. 고개를 숙이거나 테이블이나 연단에 기대는 자세는 약한 인상을 주게 된다.

9) 리허설(Rehearsal, 예행연습)을 통해 개선한다 : 가능하면 프레젠테이션을 동료들 앞에서 리허설하여, 가능한 한 많은 지적을 받아보라. 그러므로써 동료들의 피드백을 이용하여 프레젠테이션을 개선함으로써 보다 효과적인 것으로 만들 수 있다.

- 프레젠테이션이 고객의 필요성에 어느 정도 적합한지, 그리고 프레젠테이션의 서두와 말미가 일관성이 있는지를 검토하기 위해, 제시되고 있는 사항의 논리를 테스트해 보도록 한다.
- 그리고 준비와 연습을 하는 동안 그 프레젠테이션에 시간이 얼마나 걸리는가를 확인한다. 왜냐하면 완전하고 간략한 프레젠테이션이 거래 성공의 확률을 높여준다. (스톱워치 사용)

구매제안

압박을 가하지 말라.

구매의 마지막 단계인 구매결정 단계에 와 있다. 의사 결정 순간이 가까워지면 고객의 불안은 증가한다. 의사 결정의 방향은 불확실하다.

이때는 압박을 가하지 않는 질문으로 세일즈 가능성을 열어 놓으면서 거래 확률을 높여야 한다. 여기서 마법의 효과를 발휘하는 단어가 '만약'이다. '만약'은 위험 부담과 압박을 없애주기 때문이다.

- '만약 구매를 결정하신다면 언제 배송받기를 원하시나요?'
- '만약 구매하신다면 물량은 얼마나 될까요?'

거래를 요청하는 질문을 하라.

기회를 놓치지 말아야 한다. 계약을 요청하는 질문은 아래와 같은 형태로 가능하다.

- '이제 결정할 준비가 되셨나요?'
- '잠시 생각할 시간을 가지신 후 계약 단계로 옮겨 가시지요.'
- '이제 세부 사항을 확정해도 될까요?'
- '다음 방문에 계약서를 작성해 오겠습니다.'

조용히 기다려라.

- 일단 비즈니스 요청을 했다면 입을 다물어야 한다. 조급해서는 고객이 결정을 미룰 수 있다. 즉, 고객이 먼저 응답하도록 하라.

- 이미 고객이 프레젠테이션을 들은 상황이므로 정보를 처리하고 결정을 내릴 때까지 시간이 필요할 것이다. 심호흡을 하고 말없이 기다려라.

다음 미팅을 결정하라.

- 계약이 성사되었든 되지 않았든 다음 만남을 확실히 정해야 한다.
- 다음 미팅 날짜와 시간을 정하라.
- 다음 약속 없이 고객과 헤어져서는 안 된다. 다음 약속을 요청하지 않으면 고객은 영업사원이 제품이나 서비스에 의문을 품을 수가 있다.

12 고객 방문 후 필수사항(감사 표시)

감사 표현은 긍정적인 효과를 가져다 준다.

거래가 시작되지 않은 고객의 방문 시 좋은 기억을 남기는 것이 대단히 중요하고 그것이 성공의 확률을 높여줄 수 있다.

빠르게 돌아가는 세상에서 감사의 인사는 여러분의 정성과 노력을 충분히 돋보이게 한다. 고객의 마음속에 호감을 형성하는 기회가 될 수도 있다.

고객들은 더 친절하고 협력적으로 반응할 가능성이 높아지며, 상호 간의 관계가 강화될 수 있다. 또한 감사의 표현은 여러분의 센스 있고 예의 바른 인상을 고객에게 심게 되어 자연스럽게 고객의 기억에 남아 다음 방문을 의미 있게 수행할 수 있다.

오늘 방문에 대한 감사의 메시지를 12시간 이내에 이메일이나, 문자로 "오늘 바쁘신 데에도 불구하고 저에게 시간을 할애해 주시어 고맙습니다. 그리고 많은 유익한 대화와 정보를 공유해 주신 점 다시 한번 깊이 감사드리며 다음 만남을 고대하겠습니다."라고 이렇게 짤막하게 하는 인사는 여러분의 정성과 노력을 충분히 돋보이게 할 것이며 아울러 고객의 마음속(감정 은행)에 호감을 예입하게 되어 다음 만남이 더욱 의미 있게 진전될 것이고 고객은 조금이나마 여러분에 대한 신뢰감을 갖게 될 것으로 예상할 수 있다.

Ex) 직책(책임님)

오늘 바쁘신 일정에도 불구하고 저의 방문에 시간을 할애해 주시고 좋은 의견과 질문에 다시 한번 깊이 감사드립니다. 오늘 상담 중 의뢰하신 사항에 대하여 바로 자료를 준비하여 메일(또는 재방문)로 보내 드리도록 하겠습니다.

다음 방문 시에는 저희 기술영업 사원과 같이 방문하도록 하겠

습니다. 다시 한번 감사 올리며, 귀사에 도움을 드릴 수 있도록
최선을 다하겠습니다.

홍 길동 드림

고객에게 감사한다는 사실과는 별개로, 감사한다는 사실을 반복
해서 표현하는 것이 그에 못지않게 중요하다.

13 주기적인
PDCA Plan-Do-Check-Action 점검

PDCA를 영업 목표 관리 기법으로 활용하라.

PDCA란 계획을 세우고(Plan), 행동하고(Do), 평가하고(Check), 개선한다(Act)는 일련의 업무 사이클이다. 미국의 통계학자 윌리엄 에드워드 데밍이 체계화한 품질관리, 개선이론으로 '데밍 사이클'이

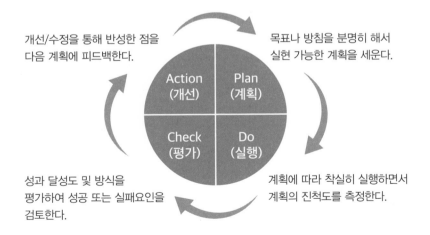

개선/수정을 통해 반성한 점을
다음 계획에 피드백한다.

목표나 방침을 분명히 해서
실현 가능한 계획을 세운다.

Action (개선)   Plan (계획)

Check (평가)   Do (실행)

성과 달성도 및 방식을
평가하여 성공 또는 실패요인을
검토한다.

계획에 따라 착실히 실행하면서
계획의 진척도를 측정한다.

라고도 불린다.

이 기법을 영업에서도 사용하면 고객별 프로그램/프로젝트의 진행 사항을 일목요연하게 정리하고 관리할 수 있어 지속적으로 영업 성과를 향상시킬 수 있다.

1) 계획(Plan) : 개선활동에 앞서 실시하는 사전 계획 단계로서 분석하고 예측한다. 영업적인 측면에서는 '명확한 영업 목표(Plan)'를 기재하면 된다.

2) 실행(Do) : 개선 계획을 실행하는 단계이며 작은 조치(Small-scale study)부터 시작하면서 계획을 실행한다. 영업적인 측면에서는 '고객 방문, 정보수집, 제품 테스트' 등으로 설명된다.

3) 평가(Check) : 실행한 것을 바탕으로 분석하고 무엇이 개선되었는지 확인한다. 영업적인 측면에서는 실행 후 중간 결과 '고객 의견, 샘플 테스트 결과 등등'이 해당된다.

4) 개선(Act) : 이전 단계에서 평가된 것을 바탕으로 전체 사이클의 적합성을 평가하고 보완한다. 만약 개선된 부분이 미비하면, 새로운 계획을 수립하여 다시 사이클을 돌린다. 개선된 부분이 만족스럽다면, 사이클의 활동 범위를 넓혀서 좀 더 많은 개선이 일어나도록 한다. 영업적인 측면에서는 계획 대비 미진한 부분을 점검하여 전략 또는 개선 방안(계획)을 마련하여 바로 행동을 취하여야 한다.

14 고객은 왜 당신에게서만 사려고 할까?

고객은 제품을 구매하지 않고 제품이 주는 결과(가치)를 구매하고 싶다.
가격을 내리지 말고, 가치를 올려라!

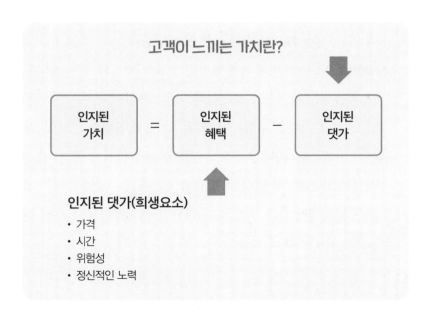

전문 구매자는 단지 가격만 가지고 구매결정을 하지 않는다. 현명한 구매자가 원하는 것은 장기적인 관점에서 얻을 수 있는 가치(Value)이다.

고객이 원하는 것은

- 내게 옷을 팔려고 하지 마세요. 대신 멋진 외모와 스타일, 매력을 파세요.
- 내게 장난감을 팔려고 하지 마세요. 대신 우리 아이들에게 줄 행복한 순간을 파세요.

즉 고객은 제품과 서비스의 가치를 인정할 때에만 구매할 것이다. 그래서 가치 판매(Value Selling)와 그에 대한 스킬이 필요한 것이다. 그래서 영업부장은 영업사원에게 가치판매에 대한 지식과 스킬을 교육시켜야 한다.

고객이 얻을 수 있는 가치의 정도에 따라 공급자의 구매 물량과 가격이 결정된다. 그래서 고객이 바라고 있는 가치뿐만 아니라, 고객이 간과하고 있는 회사의 문제점을 지적하고, 그것들에 대한 해결책(Solution)을 분석하여 그 고객에게 맞는 가치를 제공해야 한다.

가치 판매(Value Selling)란?

한 예로, 배추를 아파트에서 팔면 영업이고, 아파트 별로 입주 주민의 환경을 파악하여 A아파트에는 바쁘게 생활하는 젊은 1인 가구가 많이 살고 있어서 그들의 니즈, 즉 시간 절약형(잘 미리 손질한 채소, 과일 등) 상품을 소 포장으로 준비해서 가치를 판매하는 것. 그리고 또 다른 예로, 할인점에서 판매하는 1,000원짜리 콜라와 호텔에서 파는 1만원짜리 콜라의 차이는 무엇일까?

할인점에서 판매하는 콜라는 단순한 음료수다. 똑같은 상품을 다른 곳에서도 팔기에 고객은 할인을 원한다. 할인점도 철저하게 비용 삭감을 한다. 이를 '상품 판매'라 한다.

반면 호텔에서 파는 콜라는 안락한 환경에서 최고로 맛있는 콜라를 즐길 수 있다는 '경험'이다. 다른 곳에서는 이런 경험을 할 수 없기 때문에 고객은 할인을 원하지 않는다. 상기 두 가지 예 모두 판다는 것은 같지만, 관점이 반대이다.

이것을 '밸류 셀링(Value Selling)'이라 한다.

결론은 내 중심이 아니라 상대방 중심에서 접근해야 고객의 심층 니즈가 보인다.

가치 제안이란?

백화점식의 다양한 가치의 나열이 아닌 경쟁사와 차별화되는 소수의 핵심가치를 강력하게 제안, 다시 말하면 고객의 요구를 무조건적으로 들어주는 고객 절대주의를 지양하고 고객에게 필요한 가치(효용성), 즉 경쟁자를 무조건적으로 이기는 데 집중하지 않고 다른 경쟁사들은 제공할 수 없고, 자사만이 제공할 수 있는 제안을 가치 제안(Value Proposition)이라 한다.

가치는 제품을 사용함으로써 사용자가 얻을 수 있는 효용을 의미한다. 그리고 비용은 이 효용을 얻기 위해 사용자가 지불한 가격이다.

가치 제안은 고객이 경쟁 제품, 서비스가 아닌 당신의 제품이나 서비스를 선택해야 하는 이유를 간단히 정리한 것이다. 가치 제안은 구체적일수록 좋다.

의사결정을 해야 할 일들이 넘쳐나는 오늘날에 주의를 집중시키기 충분할 정도로 강력하면서도 돋보이는 가치 제안이 필요하다. 고객이 경쟁 제품 서비스가 아닌 우리 것을 선택해야 할 명확한 이유다.

무엇보다 고객이 당면한 금전적 문제에 초점을 맞춰야 한다. 고객이 얻게 되는 이득을 숫자로(퍼센트로) 포함시킨다면 더욱 좋다.

대가를 치르고 얻을 유무형의 혜택에 만족하고, 경쟁자보다 낫다(better)라고 판단한다면, 즉 차별화되면 가치 제안이 제대로 설정된 것이다.

가치 제안의 3요소는 고객, 혜택, 가격인데 중심은 고객이 얻게 되는 혜택(Benefit)이다.

간단히 정리하면, 아래 그림과 같이 설명할 수 있다.

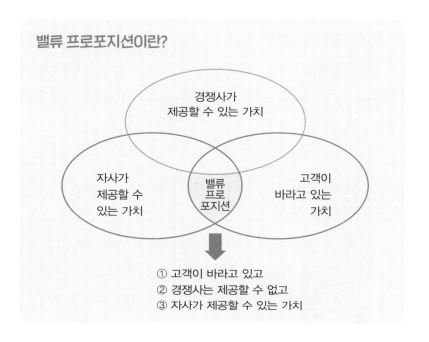

밸류 프로포지션이란?

경쟁사가
제공할 수 있는 가치

자사가
제공할 수
있는 가치

밸류
프로
포지션

고객이
바라고 있는
가치

① 고객이 바라고 있고
② 경쟁사는 제공할 수 없고
③ 자사가 제공할 수 있는 가치

가치 제안에는

- 부여하는 가치(소비자가 갖게 될 이득)는 숫자로 제시될 수 있어
  야 하며

- 제시하는 가치는 측정이 가능한 구체적 결과(데이터 제공)를 담
  아야 한다. 자료가 뒷받침된 성공 스토리는 고객이 영업사원
  을 더 신뢰하도록 만들어줄 수 있다.

- 고객이 갖게 될 이득은 일회성이 아닌 일정기간 내내 제공되어
  야 한다.

이와 같이 고객이 필요로 하는 현재의 니즈 이외에 고객이 간과
하고 있던 문제점을 파악, 분석한 뒤에 그것들을 어떻게 해결할지

에 대한 구체적인 해결책(Solution)을 제안한다면 고객은 어느 공급자를 신뢰하고 선택하겠는가? 바로 여러분일 것이다.

이처럼, 가치가 선명하고 경쟁력이 충분하면 여러분은 시장에서 선도적인 역할을 할 것이다.

가치 제안(Value Proposition)의 예

· A사의 고기능성 슈퍼 플라스틱 제품의 낮은 비중으로 생산 단가 절감(동일 단가 시)

낮은 비중 (A사 제품 VS 경쟁사 제품)

제품	비중(g/cm2)	차이
A사	1.40	
경쟁 B사	1.55	+10%
경쟁 C사	1.65	+15%
경쟁 D사	1.76	+20%
경쟁 E사	1.95	+30%

· 가치 제안 설명:

1) 제품의 비중이 낮을수록 생산 단가의 절감(cost saving)으로, 원료공급 업체들의 가격이 동일할 경우 A사의 낮은 비중이 고객에게 절대적인 이득이라는 가치 제안(Value Proposition)으로 제시

2) 동일한 에너지로 생산량 증가에 따른 글로벌 이슈인 온실가스(CO_2) 저감에 공헌할 수 있다.

15 나의 경쟁력은 얼마나 될까?

나 자신의 경쟁우위를 어떻게 확보할 것인가?

우리는 통상 경쟁우위를 다른 기업들 보다 월등한 기업들은 경쟁우위에 있다고 말한다. 우수한 지식과 정보 자산 때문에 다른 기업들이 접근할 수 없는 특별한 자원에 접근할 수 있거나 이미 보유한 자원들을 더 효율적으로 사용할 수 있기 때문이다.

마찬가지로 여러분들도 경쟁사 영업사원보다 월등한 경쟁우위가 있어야 한다.

여러분 개인의 경쟁우위(경쟁력)는 영업 분야에서 경쟁사의 영업사원과 비교할 때 나타나는 능력이다.

해당 제품과 관련 산업에 대한 일정 수준 이상의 지식과 견해가 필요하다. 그러기 위해서는 꾸준히 학습하는 열정과 습관이 필요하다.

개인의 경쟁력의 원천은

- 개인의 열정 : 열정은 개인이 목표를 달성하고 성공을 이루기 위해 끈질기게 노력하는 원동력으로 열정은 목표 달성을 위한 에너지와 희열을 부여하며, 자아 실현과 성취감을 촉진하는 역할을 한다.
- 학습 능력(자기 개발) : 지속적인 학습과 스스로 개발하는 노력
- 지식과 기술 : 직무 관련 지식과 기술이 개인의 경쟁력을 결정한다.
- 창의성과 문제 해결 능력 : 새로운 아이디어를 내거나 문제를 해결하고 상호 이익을 찾는 능력
- 커뮤니케이션 및 대인 관계 능력 : 효과적인 의사 소통 및 협업 능력
- 팀워크 : 팀워크는 조직의 성과와 효율성을 향상시키고 구성원들 간의 협력을 강화하여 긍정적인 작업 환경을 조성한다.
- 협상 능력 : 상대방과의 상호 작용에서 합의점을 찾거나 문제를 해결하는 데 필요한 기술과 능력
- 경험 : 이전 직무 경험과 프로젝트 참여는 경쟁력을 향상시킬 수 있다.

경쟁사의 영업사원과의 차별화된 경쟁력

손자병법에 지피지기면 백전백승이란 말이 있듯이, 여러분 자신의 취약점(Development Gap)을 파악하여 그러한 요소들을 빠른 시간 내에 개선하여 경쟁사의 영업사원보다 더 영리하고 스마트해야 승리할 수 있다. 왜냐하면 고객과 경쟁은 여러분을 기다려 주지 않기 때문이다.

경쟁력의 요소로는

- 열정
- 강한 자신감과 승부 근성(Never Give Up)
- 대인 관계 설정 능력
- 제품과 해당 산업에 대한 전문성
- 협상 능력
- 현장 중심(문제의 답은 현장에 있다), 즉 사소한 것에도 귀와 눈을 여는 것을 말한다. 왜냐하면 위기를 낳고 기회를 주는 곳은 모두 '현장'이기 때문이다. 현장에 강한 사람은 현장에서 아이디어를 찾고 기회를 발굴한다.

한 예로, 찰리 채플린의 예를 소개하겠다. 그가 무명 시절 철공소에서 일할 때의 이야기로, 어느 날 거래처의 주문 때문에 눈코 뜰새 없이 일하던 사장이 채플린에게 저녁 먹으러 나갈 시간이 아까워 빵을 사다 달라고 부탁을 했다. 그리고 저녁 시간이 지나서야 식사할 여유가 생겨 채플린이 사온 빵 봉투를 열어 보았다. 그런데 그 안에는 빵과 함께 와인 한 병이 들어 있었다. 사장은 "이게 웬 와인인가?" 하고 물었다. 그러자 채플린이 대답하기를 "사장님께서는 일이 끝나면 언제나 와인을 드시곤 하더군요. 그런데 오늘은 와인이 떨어진 것 같아서 둘 다 사왔습니다." 이에 사장이 감동했다는 것은 두말할 나위가 없다.

이처럼 사소한 것에도 귀와 눈을 열어 잘 관찰하여 사소하지만 고객의 필요성을 파악하여 대응하는 영업사원과 그렇지 못한 사람과의 결과는 어떻겠는가?

16 협상 : 고객의 마음에 들어가라

고객의 마음을 움직여야 뜻(성공)을 이룰 수 있다.

협상 시에 사람은 논리만으로 움직이지 않는다. 논리는 필요조건이지만 충분조건은 아니다.

다른 사람 또는 고객의 부정적인 생각(결정)을 바꾸려 한다면 설득보다는 이해, 이해보다는 공감이 필요하다. 왜냐하면 인간을 형성하는 것은 이성이고, 인간을 이끌어 주는 것은 감정이기 때문이다.

협상에 성공했다는 말은 어떤 의미일까? 어떻게든 많이 얻기만 하면 잘한 협상일까. 아니면 좀 손해 보더라도 상대방의 마음을 얻었으면 성공한 협상일까?

미국 하버드대학교 로저 피셔(Roger Fisher)와 윌리엄 유리(William Ury) 교수는 《YES를 이끌어 내는 협상법》에서 성공적인 협상이란 다음 세 가지 기준으로 판단해야 한다고 말했다.

첫째, 만약 합의할 수 있다면 현명한 합의점을 찾을 수 있어야
　　　한다.

둘째, 효율적인 방법이어야 한다.

셋째, 당사자 사이의 관계를 개선해야 하며 최소한 그 관계를 손
　　　상하는 것이어서는 안 된다.

협상은 서로 다른 이해관계나 목표를 가진 당사자들 간에 상호
합의점을 찾기 위해 의사소통하고 절충하는 과정이다.

이는 양측이 서로 다른 입장에서 나오는 이익과 요구들을 조율
하여 합리적인 해결책을 찾는 것을 목표로 한다. 협상은 비즈니스,
정치, 개인 간의 다양한 상황에서 발생할 수 있으며, 상호 협력적인
태도와 의사소통 능력이 중요한 역할을 한다.

협상 시 양측의 이익을 극대화하기 위한 일반적인 전략으로는

▸ 윈-윈 (양측이 이길 수 있는 전략) : 양측이 모두 만족할 수 있
는 합의를 찾는 것을 목표로 한다. 협력적인 태도로 문제를 해
결하며, 상호 혜택을 극대화한다.

Ex) 영화 '선생 김봉두'에서의 협상

조용하던 시골 마을에 싸움이 벌어졌다. 비포장도로의 통행권을
두고 벌어진 다툼이다. 하우스에 물을 대기 위해 고무호스를 길 위
에 설치해 둔 남진이 아버지. 그런데 그 위로 성만이 아버지가 경운
기를 타고 지나가는 바람에 호스가 찢어졌다. 하지만 성만이 아버
지만을 탓할 수도 없는 상황이다. 수확한 채소를 내다 팔러 읍내에
가야 하는데, 호스 위를 지나가는 게 유일한 길이었다. 둘은 서로
네 탓 내 탓을 하며 멱살을 잡았다.

어떻게 하면 이 문제를 해결할 수 있을까? 소식을 듣고 끌려온
김봉두 선생. 그는 양측 이야기를 곰곰이 들어보더니 해결책을 내

놓는다.

"그러니까, 남진이 아버님은 하우스에다가 물을 대야 하니까 호스를 여기다 놔야 하고, 성만이 아버님은 경운기가 꼭 이 길로 갈 수밖에 없다는 말씀이잖아요. 그것만 해결되면 되는 거잖아요."

김 선생은 삽으로 땅을 파서 그 안으로 호스를 묻었다. 간단한 방법이지만 합의점을 찾는 데는 충분했다. 경운기가 지나가더라도 호스가 찢어지는 일이 없어졌다. 그것으로 마을에는 다시 평화가 찾아왔다.

이 사례가 어떤 면에서 성공적인 협상인지 하버드 협상론에 대입해 보자.

첫째, 한쪽이 양보하는 게 아니라 둘 다 만족하는 새로운 방법을 찾아냈다. 방법은 '통행권 다툼'이라는 상황이 아니라 '물 대기'와 '지나가기'라는 양측의 진짜 목적에 집중했다.

둘째, 해결책이 효율적이었다. 만약 아스팔트 포장 등 비용이나 시간이 많이 드는 방법이라면 효율적이라고 할 수 없다. 다행히 삽으로 땅을 파면 되는 간단한 일이었다. 마지막으로 둘 사이의 갈등을 완전히 해결했다.

김봉두 선생은 서로 다른 의견에 대해 최선의 합의점을 찾고, 관계를 더욱 돈독하게 만드는 협상을 이끈 셈이다. 그야말로 성공적인 협상의 예를 명쾌하게 보여준다.

- 윈-루스(Win-Lose :양측 중 한 측이 이기고 다른 한 측이 지는 전략) : 상황에 따라 높은 우세를 가진 측이 더 많은 이익을 얻는 전략
- 타협 : 양측이 일정 정도의 양보를 하여 중간 지점에서 만나는 전략으로, 양측이 일부 포기하지만 합의에 도달한다. 주로 시장에서의 경쟁이 치열한 상황에서 사용될 수 있다.

17 고객은
나의 행복의 원천

영업의 궁극적인 목표는 영업사원의 열정을 통하여 고객에게 만족을 제공하는 것으로 고객의 만족은 그들이 구매한 상품을 또는 서비스로부터 주어지기 때문이다.

또한 영업사원이 고객에게 보이는 일에 대한 열정과 전문성, 그리고 친근함을 통해서도 만족을 느끼게 된다. 이렇게 만족한 고객은 즐겁게 상품과 서비스를 지속적으로 사용하게 되고, 또한 만족한 고객은 그 만족감을 동일 산업계의 또 다른 고객에게 소개한다. 뿐만 아니라 상품과 서비스를 제공해준 영업사원의 일에 대한 열정과 전문성, 그리고 친근감으로부터 애정을 느낄 것이다.

이러한 과정을 통하여 만족한 고객은 영업사원과 그 회사의 제품과 서비스가 고객의 심리적인 안전기지(주요 공급처)가 되고, 이러한 상태의 고객이 충성스런 고객(Customer Loyalty)으로 탄생되고 장기적인 거래 관계가 유지된다.

JAL의 이나모리 회장은 "성취감은 늘 고통에서 시작되고, 힘들고 어려운 시간이 즐거움을 선사한다"고 했다.

나 역시 이나모리 회장의 말씀에 공감하며 이러한 나의 즐거움(기쁨과 행복)은 고객과 함께 하면서 얻을 수 있기 때문이다.

참고로 고객 충성도(Customer Loyalty)란 고객을 유지하기 위해서 고객이 필요한 것이 무엇인지 잘 관찰하고 그리고 끊임없이 그 필요한 것을 제공해야 얻을 수 있는 결과라고 질 그리핀(Jill Griffin)이 얘기하였다.

이는 고객 충성도란 '일정 기간'이라는 조건을 내포하고 있으며 '두 번 이상의 반복 구매'를 조건으로 한다. 고객 만족이라는 개념이

일종의 태도와 연관된 개념이라고 한다면 이와는 달리 고객 충성도는 구매하는 행동적인 측면에서 정의되는 개념이다.

고객 충성도의 필요성을 살펴보면, 그간의 나의 경험에서 많은 기업들이 때때로 새로운 고객을 개발하느라 많은 시간과 노력을 들이는 것을 보았다. 그렇지만 비용 면에서 볼 때 기존의 고객을 잘 유지하며 시장 점유율을 높이는 것이 비용과 노력 면에서 몇 배 더 효율적이라고 생각한다.

그리고 충성도가 없는 여러 고객을 유지하는 것 보다 비록 소수이지만 충성스런 고객을 확보하는 것이 또한 기업의 이윤 면에서도 유리하다.

결국 고객의 충성도를 만들고 유지하기 위해서는 고객과 자주 접촉하는 영업사원의 역할이 대단히 중요할 뿐만 아니라 기업의 이미지, 나아가 기업의 성공을 좌우하는 중요한 요소이다. 왜냐하면 고객은 언제나 더 나은 선택을 할 수 있다는 것을 영업사원은 명심해야 한다.

18 고객 만족

　'고객 만족'은 기업에서 고객 또는 소비자의 만족을 목표로 하는 경영 기법으로, 즉 고객에게 최대의 만족을 주는 것에서 기업의 존재 의의를 찾고 이를 통해 고객들이 계속해서 기업의 제품이나 서비스를 이용하여 이윤을 증대시키는 경영 기법이다.

　또한 고객 만족(Customer Satisfaction)이란 고객이 제품에 대한 사전에 기대하고 예측하는 기준을, 기업이나 브랜드가 제공하는 가치가 구매 후 제품의 지각된 실제 성능을 비교함으로써 나타나는 심리적 상태를 말한다. 즉, 고객 만족이란 '고객이 느낀 가치'에서 '사전 기대치'를 뺀 것이다. (고객이 느낀 가치 − 사전 기대치=고객 만족)

　고객 만족은 제품이나 서비스의 품질, 가격, 소통 등 여러 가지 요소에 영향을 받을 수 있다.

특히 B2B 시장에서의 고객 만족은 세일즈 그 자체에만 익숙해 있던 B2B 판매기업들이 점점 더 경쟁사보다 차별화된 고객가치를 제공하여야 고객 만족을 향상시킬 수 있다. 그 예로 '고객에게 꼭 필요한 니즈로 구성(customize)된 서비스 솔루션'을 제공하는 것이다.

기업이 고객 만족을 실현하면 고객들은 여러분의 회사에 대한 신뢰를 갖게 되며, 장기적인 고객 유지(반복 구매)와 긍정적인 마케팅 효과(피드백 제공, 긍정적인 추천 등)를 기대할 수 있다.

10:10:10 법칙

고객 한 분을 모셔오는데 10불의 비용이 들고, 고객을 잃어버리는 데는 10초의 시간이 걸리며, 잃어버린 고객을 다시 모시는 데는 10년의 시간이 필요하다.

고객 만족

· 고객의 욕구와 기대에 최대한 부응
· 그 결과로써 상품과 서비스의 재구입이 이루어지고 더불어 고객의 신뢰감이 연속적으로 이루어지는 상태

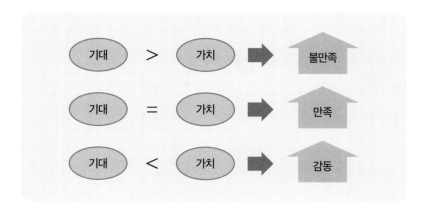

고객의 욕구

· 환영받고 싶어 한다.

· 기억되고 싶어 한다.

· 관심을 받고 싶어 한다.

· 중요한 사람으로 인식받고 싶어 한다.

· 편안하고 싶어 한다.

· 존경받고 싶어 한다.

위 그림에서 보듯이 고객은 환영받고 싶어 하고, 기억되고 싶어
하고, 관심받고 싶어 하고, 중요한 사람으로 인식받고 싶어 한다.

고객 만족과 불만족

- 만족한 고객은…
  - 긍정적으로 선전한다.
  - 수익을 증가시킨다.
- 불만족한 고객은…
  - 부정적으로 소문낸다.
  - 손실을 발생시킨다.

이처럼 영업사원이 제공한 상품과 서비스를 제공받고 만족하기 시작한 고객은 상품과 여러분의 서비스의 질의 떨어지지 않는 한, 마치 마약 환자처럼 항상 여러분의 서비스만 반복적으로 구매하기 때문이다.

이것은 영업사원의 제품과 해당 산업에 대한 높은 지식과 신뢰, 영업 태도 그리고 친밀한 관계가 조성되었기 때문이다. 이것 또한 산업재 영업의 즐거움이 아니겠는가. 나의 경우 이 즐거움이 아무리 먼 거리에 있는 고객이라도 즐겁게 찾아가게 하는 원동력이었다.

고객 서비스에 대한 개념은 알고 있지만 행동으로 표출되기에는 하루 아침에 되지 않는다. 즉, '안다 와(Vs) 행동한다'에는 큰 차이가 있다. 아래 사항을 하나하나씩 잘 익히고 실행으로 옮겨 몸에 배인 (생활화) 사람만이 앞서 가고 고객으로부터 인정과 신뢰를 받게 될 것이다.

고객 서비스의 자세(3S의 생활화)
- 스마일(Smile) : 밝은 얼굴/ 단정한 용모/ 정중한 태도
- 서비스(Service) : 친절한 응대/ 고객의 입장 이해/ 정중한 자세와
  일 처리 약속 이행/ 사후 점검
- 스피드(Speed) : 재빠른 행동/ 신속한 일 처리(Speed with quality)

고객이 어려움에 처했을 때 최선을 다하여 도와줘라

나의 사례 한 가지를 소개할까 한다. 2박3일간의 교육으로 홍콩에서 교육을 받고 있던 중, 국내 주요 고객의 생산부장님으로부터 전화가 걸려왔다. 제품의 생산 공정에서 소량 사용하는 독일제 원료 수급의 문제로 이틀 후에 생산 라인이 멈추게 된다는 내용이었다.

그 제품은 우리가 공급하는 제품이 아닌데도 긴급 도움 요청을 해온 것이다. 왜 나에게 도움을 청하였는가 하면 독일 제품과 같은 성능의 미국산 대체재를 참고로 우리가 소개한 적이 있었다. 혹시 우리회사 기술부나 R&D 부서에 그 대체재가 있으면 도와 달라는 요청이었다. 이틀 후에 고객의 전 생산라인이 멈춘다니 어찌해야 할 것인가?

우선 재고 유무를 확인해야 하지만 알겠다고 안심시켜 드리고 바로 미국에 메일을 보내고 홍콩의 밤 시간(미국 오전 시간에 맞추어)

에 긴급히 전화로 도움 요청을 하였다. 마침 25kg 중 5kg을 사용하고 20kg이 있으나 계속 사용해야 한다고 하였다.

그대로 물러 설 수 없어 이 한국 고객의 향후 성장성과 당시 우리가 지속적으로 높은 시장점유율을 가지고 있는 주요 고객이므로 비록 우리로 인하여 발생한 문제는 아니지만 꼭 도와주어야 한다고 설득시켜 비행기로 긴급 선적하여 당시 김포 공항의 화물 터미널에 우리 직원이 직접 가서 관세사 직원과 급 통관하고 직접 들고 가서 고객의 생산라인이 정지되기 3시간 전에 전달한 일이 있었다.

여러분이 생산부장이었다면 나에게 어떤 말을 하겠는가? 다음 날 오전에 고객 본사의 구매부로부터 이번의 긴급상황에 신속히 대응한 점에 깊이 감사한다는 전화를 받았다. 나 역시 고객의 위기를 도와주었다는 점에 흐뭇했고 그리고 긴급 수송을 도와준 미국의 팀원과 나의 CSR 여직원에게 감사의 표현을 하였다. 그 일로 인한 점은 아니지만 지속적으로 주요 공급자 위치를 아직까지 나의 후임자가 유지하고 있다.

그 당시 생산부장님이 지금은 대표이사로 재직하고 계시고 가끔 만날 때 웃으며 그때의 일을 기억하며 소주잔을 기울인다. 고객의 애로점을 해결하고 만족해하는 고객을 바라보는 것, 이것이 산업재 영업의 커다란 기쁨이 아니겠는가.

중국 천진에서의 작은 기적

1994년 11월의 눈이 내리기 시작하는 쌀쌀한 초겨울이었다. 현지 영업과장과 함께 이 천진의 거래처를 2번째 방문을 마치고 택시로 4시간 걸려 베이징으로 돌아가야 하는 일정이었다. 그 당시만 해도 중국은 한국에 비하여 모든 환경이(도로, 숙박시설, 교통 수단 등) 지금과는 달리 매우 열악했다.

택시라 해도 작은 소형택시에 히터도 잘 작동되지 않았고, 차량 내부도 앉고 싶지 않을 정도로 더러웠다. 그러나 어디에라도 고객이 있다면 영업은 기꺼이 찾아가야 한다. 그것이 임무이기 때문이다.

그러나 연로하신(70대 초반) 동사장(사장격)께서 추운 날씨의 저녁 시간에 먼 길 떠나는 우리 일행을 위해 저녁을 친히 준비해 주셨다. 메뉴는 삶은 돼지고기(수육)와 삶은 배추였다.

거래처 구내 식당은 표현하기가 미안하지만 솔직히 먹고 싶지 않았다. 늦게라도 바로 베이징 호텔로 돌아가서 저녁 식사를 하고 싶었다. 그 당시만 해도 중국인의 대략 30%가 간염 보균자라고 현지 영업과장이 알려줬고 음식 특히 깨끗이 세척되지 않은 수저, 젓가락 사용에 조심하라고 했었다.

내 현지 영업과장이 먹지 말라고 하며 본인은 안 먹겠다고 하길래, 왜 그러냐고 물었더니 고기를 써는 칼이 너무 낡고 오래되어 마치 녹슨 것 같은 무딘 부엌칼로 고기를 썰었고 나무 식탁도 너무 오래되어 먹고 싶지 않다고 했다.

나 역시도 위생 상태가 염려되어 선뜻 먹고 싶지 않았지만, 고객이 우리를 위해 마련하셨는데 먹어야 한다고 영업과장에게 말하고 일부러라도 맛있게 먹었다.

연로하신 동사장께서 내가 맛있다 하면서 먹는 것을 보며 흡족했는지 미소로 응답하셨다. 식사를 마치고 즐겁고 맛있게 먹었다고 감사 인사드리고 떠나려 하는데, 갑자기 구매부장을 부르셨다.

구매부장에게 이달 구매부터 전량 듀폰에서 구매하라고 하는 게 아닌가. 뿐만 아니라 눈이 내리는데 베이징까지 작은 택시로 위험하니 가지 말라 하며 동사장님의 승용차를 내주는 것 아닌가?

연간 사용량이 많지는 않은 고객이었지만 경쟁사가 우리보다 먼저 공급하기 시작해 우리에게는 나름대로 진입 장벽이 있어 30% 점유율를 가지고 있었다.

시장 점유율을 올리기 위하여 현지 영업과장과 내가 지속적으로 방문하면서 고객의 니즈와 우리 제품을 사용한 고객의 제품의 품질 성능을 매달 확인 점검하기 위하여 샘플을 수거하고 분석하여 결과를 알려 드리는 등 차별화를 꾀하고 있었다.

그런데 그날 예상 밖으로 갑자기 100% 공급자가 되었다. 어떻게 된 일인가? 여러분들은 왜 이 현상이 생겼다고 보는가?

무엇을 바라고 한 행동은 아니었지만 그간의 나의 고객 존중에 대한 언행과 그날 맛있게 먹은 저녁 식사 태도에 연로하고 경험이 많은 동사장님의 마음이 움직인 것 같았다.

베이징으로 돌아오는 차 안에서 나는 고객 마음의 움직임(감동)

은 양질의 상품이나 서비스가 아닌 이처럼 작은 행동으로도 이루어질 수 있다는 것을 실감하며 무척 행복했다.

그날의 천진 업체에서 일어난 이 작은 기적은 현지 중국 매니저에게도 좋은 경험과 교육이 되었다고 생각한다. 이것이 영업이고 아울러 영업사원이 느끼는 행복이 아니겠는가.

19 내부고객 만족 없이 고객 만족을 이룰 수 있을까?

성공한 영업사원들은 고객 회사뿐만 아니라 자신의 회사 내부 사람들과도 친밀한 관계를 구축한다. 외부고객 만족을 위해서는 우선 내부고객 만족이 더 중요하다.

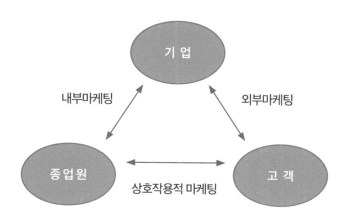

고객 만족 경영하면 주로 외부고객을 만족시키기 위해서 제품의 질, 가격, 서비스 등의 외부 마케팅을 고객 지향적으로 하는 것도 중요하지만 제품을 생산하고 관리하는 자사의 종업원들이 만족하지 못한다면 과연 그들이 외부고객에게 제품이나 서비스로 만족을 줄 수 있겠는가?

결론적으로 진정한 고객 만족을 이끌어 내기 위해서는 내부마케팅이 외부마케팅에 앞서 이루어져야 한다. 왜냐하면 B2B의 특성인 고객 내부의 다양한 구성원들의 니즈를 만족시키기 위해서는 여러분 회사의 다른 부서들과 조직적인 대응(영업)이 필요하다.

물론 내부고객의 높은 만족도를 유지하는 일은 자사의 비전, 직원에 대한 대우, 동기 유발 등등은 경영진과 부서장의 주요 임무 중의 하나이지만, 산업재(B2B) 영업에서 영업사원 단독으로 고객의 다양한 니즈를 만족시킬 수는 없고 내부고객(Internal Customer)의 도움이 필요하다.

내부고객에게 만족을 주기 위해서는 우선 내부고객들을 Re-spect(그리스의 어원에 의하면 Re : 자주, 반복적인 Spect : 살피다의 의미), 즉 자주 잘 살피라는 뜻이다. 이와 같이 내부고객을 Respect하고, 때 맞추어 소통(영업 전략과 목표를 잘 공유)을 잘 하는 영업사원이 자사 내부의 다른 부서원들(내부고객)로부터 적극적인 협조를 얻어 결국에는 수주에 성공하게 되고 아울러 고객(외부고객)으로부터 인정과 신뢰를 더욱 받게 된다.

그래서 나는 여러분들에게 내부고객에게 외부고객보다 3배의 정성을 들이라고 권한다. 그래야 고객의 불만사항이나 제품의 클레임 시에 타 부서의 협조를 얻어 신속하고 정확하게 해결을 할 수 있기 때문이다. 하나의 목표에 자사의 모든 구성원이 다 같이 몰입할 때 결과는 어떻게 되겠는가 상상해 보라. 이처럼 산업재 영업에서는 여러분 회사의 여러 부서의 지속적인 협력과 노력이 성공으로 이어지게 된다.

군에서 "명예는 상관에게, 공훈은 부하에게, 그리고 책임은 나에게"라고 배웠듯이 거래처로부터 그리고 회사에서 받은 칭찬, 포상 등은 모두가 내부고객의 협조 덕분이라고 항상 말하고 그 공훈을 그들에게 돌리고 행복했다.

이러한 영업사원이 내부고객을 사랑하는 우수한 영업사원이고 향후에 훌륭한 리더가 될 자질이 있는 직원이 아니겠는가.

내부고객(내 부서 직원과 타 부서 직원)에게 매일 아래와 같은 행동을 실천하라고 권하고 싶다. 미.인.대.칭(미소, 인사, 대화, 칭찬)을 먼저 행하고, 비.비.불(비난, 비평, 불만)을 금지하라.

미소는 입을 구부릴 뿐이지만, 많은 것을 펴준다. 미소는 '최고의 화장술'이라고도 한다. 미국의 피아니스트이며 코메디언인 빅터 보즈(Victor Boz)는 미소를 "두 사람이 가장 가까워지는 지름길"이라 말했다.

칭찬의 시작은 쉽지 않지만, 칭찬의 방법은 생각보다 단순하다. 나중에 칭찬해 주어야지라고 미루지 말고 즉각적으로 그리고 명확하게 칭찬하라. 그리고 따로 불러 남몰래 칭찬하지 말고 공개적으로 칭찬하라.

여기에 칭찬의 효과를 높이는 것이 하나 더 있다. 제3자를 통해 칭찬하는 것이다. 직접 듣는 칭찬보다 다른 사람을 통해 건너서 듣는 칭찬이 사람을 더 기분 좋게 하기 때문이다.

이렇게 매일 솔선적으로 행동하면 다른 직원들에게도 영향을 끼쳐 사내에 밝은 분위기가 형성되고 서로서로 직원 존중하는 문화가 형성되어 직원들이 만족하는 즐거운 직장(Happy Place to work)이 될 것이다.

대접받고 싶은 대로 남을 대접하라는 얘기를 다시 한번 되새길 필요가 있다 하겠다.

불필요한 서비스는 과감히 줄여라

고객이 인지 못하고 있는 과잉 서비스를 찾아라.

고객에게 제공하는 서비스는 제품과 함께 기업의 성공에 중요한 요소이다. 좋은 서비스를 제공하기 위해서는 인력, 시간 등 투자(경비)가 소요된다.

그러나 과연 현재 여러분이 제공하고 있는 서비스(비즈니스 초창기부터 제공하여 온)에 대하여 고객이 현재 얼마나 가치를 느끼고 있는지에 대하여 점검해 볼 필요가 있다. 예를 들어 과대한 포장, 산업 동향 리포트, 기술지원자의 방문의 횟수 등등 고객이 꼭 필요하다고 느끼고 있지 않는 서비스가 있다면 그 서비스를 줄임으로서 경비 절감을 통해 여러분의 회사의 수익 증대에 기여할 수가 있다.

어떻게 싸워 이길 것인가?

우선 확실한 비전과 목표를 세워라!

성공한 모든 사람의 특징은 비전을 가지고 자신이 세운 목표를 향해 노력한다는 것이 삶의 원동력이 된다. 그리고 성공하리라는 기대감(기쁨)으로 가득 차 있다.

세상 일이 늘 강한 사람만이 이기는 것은 아니듯이, 성공하려면 우선 자신을 믿어야 한다.

중간에 어떤 어려움에 부딪쳐서도 I Can Do(나는 할 수 있다)라는 강인한 긍정 마인드를 되새기면(자기 최면을 걸면), 어느 심리학자가 말했듯이 뇌를 비롯해 신체의 모든 부분이 세운 목표를 달성하도록 최적화된다고 한다. 우리 몸과 생각이 성공의 방법을 찾게끔 변한다는 사실이다. 즉, 자기체면으로 두려운 걱정을 없애고 강한 자신감으로 목표를 달성할 수 있다.

그리고 영업사원은 섬세함과 기본 예절로 잘 무장되어야 한다. 그래야만 다양한 스타일의 고객의 마음에 들어 갈 수 있기 때문이다.

과거에 내 부서에 영업 직원을 채용하려 할 때 다른 부서장이 회사 내의 한 직원을 소개하길래 왜 그 직원을 추천하는지 물어보았다.

그의 대답은 놀기 좋아하고 화통한 성격이기에 영업에 잘 맞을 것 같다 하길래 "영업은 아무나 하는 것이 아니다"라고 하면서 정중히 거절한 경우가 있었다. 왜냐하면 영업사원은 덜렁거리지 않고 사전에 잘 생각하고 아주 세세한 것까지 준비해야 하는 섬세함, 학습 능력 등등 많은 요소들이 필요하기 때문이다.

그 힘으로 어떠한 상황에서도 멈춤이나 두려움 없이 차분하게 끝까지 자신 있게 업무를 수행하여 목적한 결과를 만들어 내야 하기 때문이다.

섬세하다는 뜻은 디테일한 부분에 집중해야 한다는 것으로 바둑에 '착안대국 착수소국(着眼大局 着手小局)'이라는 말이 있다. 생각은 크게 갖고 실행은 작은 것부터 철저히 한다는 의미이다.

위에서 얘기했듯이, 경쟁과 싸워서 이겨 승리하기 위해서는 여러분은 항상 긍정적이고 적극적인 생각과 행동과 말을 해야 한다.

미국 프로복싱 헤비급 전설인 캐시어스 클레이(후에 무하마드 알리로 개명)는 경기 전에 기자들에게 항상 승리에 찬 말을 했다. 물론 그것은 시합 전에 상대방 선수를 사전 제압하기 위한 전략이기도 하지만 결과는 수많은 승리의 월계관인 챔피언 벨트를 받았다.

늘 그는 "나비처럼 날아서 벌처럼 쏜다." "일본군의 진주만 공격 시 가미가제처럼 기습하겠다." 그리고 "소련 전차처럼 쳐들어 갔다가 프랑스 미꾸라지처럼 빠져 나오겠다"라고 했다.

그는 은퇴 시 "내 승리의 절반은 주먹이었고, 반은 말에 있었다."

고 했다. 이처럼 목표를 이루고 성공한 사람들은 항상 긍정적이고 적극적인 말로 자기 체면을 걸고 목표를 향해 돌진했다.

그러므로 여러분들도 항상 긍정적인 말, 적극적인 말, 희망이 담긴 미래 지향적인 말을 해야 한다. 흙에 뿌린 씨앗만이 자라는 것이 아니라 여러분의 마음속에 뿌린 씨앗(개인목표, 조직의 목표)도 자라나 현실로 반드시 이루어질 것이라는 점이다. 이것이 말의 보증이다.

어떤 분야에서든지 최고로 잘 나가는 사람들은 모두 마음속에서 꿈을 달성한 장면을 본 사람들이다.

경쟁사를 얼마나 알고 있나?

고객은 기다리지 않고 그리고 경쟁은 간발의 거리에서 우리를 분석하고 우리를 죽이기 위한 기회 요인을 찾기 위해 호시탐탐 우리의 자리를 넘보고 있다.

이러한 경쟁 환경에서 어떻게 우리의 경쟁우위를 유지할까에 대한 끊임없는 고민을 해야만 한다. 우리의 선도적인 위치를 유지하기 위해서는 과학적인 분석을 통하여 경쟁사를 완벽하게 분석하고 이해하여야 한다.

그러기 위해서는 전략적 분석틀(도구)인 SWOT 방법을 이해하고 활용해야 한다.

SWOT란 Strength, Weakness, Opportunity and Threat의 약자

로서, SWOT분석은 아래의 4가지 측면을 종합하여 전략을 수립하고 비즈니스 환경을 파악하는 데 도움을 준다.

이를 통해 조직은 강점을 최대한 활용하고, 약점을 극복하며, 기회를 잡고 위험을 대비할 수 있도록 전략을 수립할 수 있다.

	강점(Strength)	약점(Weakness)
기회 (Opportunity)	S-O 전략 기회를 살리기 위해 강점을 이용	W-O 전략 약점을 보완하여 기회를 살림
위협 (Treat)	S-T 전략 강점을 이용하여 위협을 피함	W-T 전략 약점을 보완해서 위협을 극복

- 우리가 경쟁사에 비하여 어떤 측면에 우위에 있는지의 자사 내·외부의 경쟁 요인의 식별과 함께
- 우리가 상대적으로 부족한 부분을 우선적으로 식별하고 대안 수립을 위하여
- 그리고 영업에 다가올 위험 요인을 줄이거나 제거함과 동시에 새로운 기회 요인을 강화(찾기)하기 위하여 사용하는 중요한 전략적인 도구(Tool)이다.
- SWOT 분석 시 영업조직뿐만 아니라 관련된 이해관계 부서도 함께 참여하고 의견을 공유해야 제대로 경쟁사를 분석하

고 비즈니스에서 성공할 수 있기 때문이다.

1. 강점(Strengths) : 조직이나 프로젝트의 내부적인 강점이나 우위 요소를 나타낸다. 예를 들어 전문적인 인력, 혁신적인 제품, 강력한 브랜드 등이 강점일 수 있다.

2. 약점(Weaknesses) : 내부적인 취약성이나 부족한 부분을 나타낸다. 예를 들어 제품의 품질 문제, 재무적인 어려움, 부족한 마케팅 전략 등이 약점일 수 있다.

3. 기회(Opportunities) : 외부에서 조직이나 프로젝트가 발전할 수 있는 가능성이나 유리한 상황을 나타낸다. 시장확장, 새로운 기술 도입, 경쟁사의 약화 등이 기회로 작용할수가 있다.

4. 위험(Threats) : 외부에서 조직이나 프로젝트를 위협할 수있는 요소나 잠재적인 위험을 나타낸다. 경쟁 증가, 정책변화, 경제 불황 등이 위험으로 작용할 수 있다.

적과의 동침?

경쟁과 협력을 결합하는 지혜로운 경쟁 방법, 즉 경쟁에서 협력의 시대로의 새로운 개념이다.

비즈니스는 파이(Pie)를 만들 때는 협력이고, 그 파이를 나눌 때는 경쟁이다.

협력(Cooperation)과 경쟁(Competition)의 합성어로, 협력과 경쟁

의 장점을 결합시켜 글로벌 경쟁력을 높인다는 의미로 코피티션은 예일대 베리 네일버프 교수와 하버드대 애덤 브랜던버거 교수가 처음 사용한 경영학 용어이다.

지금까지 기업 간 경쟁은 승자와 패자로 뚜렷이 구분되는 경쟁 구도였다. 그러나 코피티션의 개념은 반드시 패자가 있어야 한다는 논리를 바꾸어 시장의 파이를 같이 키워 최대의 수확을 거둘 수가 있을 것이다. 번영하는 경쟁자가 절망적인 경쟁자보다 덜 위험한 경우가 많다.

이러한 협력으로 경쟁의 틀 안에서 벗어나 참가자들 모두 승리자(win-win)가 되고 시장 상황을 더 좋게 만들 수 있을 것이다. 이때 반드시 윤리 규정은 위반하지 않는 범위 내에서 서로 협력하여 시장의 파이(규모)를 확장시켜야 한다.

경쟁의 위험 요소를 최소화하고 협력을 통하여 지속 가능한 부가가치 방법을 찾아 기업의 최고 가치인 윈-윈을 할 수 있다.

시장 확장을 위한 사례

나는 2000년 초반에 경쟁사인 미국 M사를 설득시켜 국내 창호 생산 업체들과의 협력으로 한국의 건축 창호 규정에 접합 안전 유리를 추가하여 한국의 소비자 안전 규정의 상향과 새로운 시장 수요를 창출하여 경쟁사, 창호 생산업체 그리고 우리 회사의 매출 증대에 큰 역할을 하였다.

3자(경쟁 M사, 창호 제조 업체, 우리 회사(듀폰))가 협력하여

- 경쟁사와 우리는 해외의 접합 안전 유리에 건축 창호에 대한 안전 규정 및 미사용 시 피해 현황(태풍 피해, 소음 차단 등등)을 해당 기관(정부 해당 부서, 미디어)에 설명회

- 국가건설시험연구소에 필요한 지원(샘플, 테스트 방법 등 협의)

이러한 거의 2년간에 걸친 경쟁사와 긴밀한 협력과 노력으로 한국의 건축창호안전 규격(Country Building Code for Safety Laminated Glass)을 성공리에 제정할 수 있었다.

시장 방어를 위한 사례(경쟁사와 협업)

1990년 초에 자동차 앞유리 상단부 색상(GBT Band)부위 가시광선 투과율 규정 제정

1980년대 후반 국내 자동차가 미주지역(캐나다, 미국)에 수출을 시작하면서, 미주 지역의 안전 규정에 맞는 자동차 앞유리 상단부의 가시 광선 투과율 5%를 적용해야만 해서 수출용 차량은 5% 제

품을 사용했다.

그러나 국내용은 규정이 없어 편의상 미주용 5%를 사용하여 나의 경쟁 M사와 공급하였다. 그러나 어느 날 한 중소 고객으로부터 Fax가 도착하였다. 내용은 국토부로부터 국내용 가시광선 규격에 대한 입법 예고를 하였다 하여 확인 결과 일본의 경쟁 업체인 S사가 국내 시장 100% 확보를 위하여 투과율 25%인 일본 국내 규격을 사용토록 법제화하고 있었다.

이 규정이 제정될 경우 국내 자동차 앞유리 주요 공급업체인 H사와 K사의 경우 수출용과 내수용 따로 2가지 제품의 원재료를 보유해야 하는 불편이 있고, 더욱이 미국에서 공급되기에 재고관리에 추가적으로 많은 불편이 초래될 수 있었다.

그래서 시장 확보와 고객의 편익 보호를 위하여 실수요자인 2개 사와 이 점에 대하여 즉시 협의하고 경쟁 M사와 현 5% 사용에 따른 불편함이 없으며, 아울러 5%에서 25%로 투과율이 낮아짐으로써 태양광의 영향으로 인한 운전자의 안전에 영향을 초래하지 않는다는 자료를 공동으로 국토부에 제출하였다.

그 뒤 국토부는 우리의 의견을 받아들여 자동차 및 관련 업체들의 의견을 수렴하여 국내에도 미주용 5%를 사용하는 개정안을 공표하였다. 이러한 협업으로 현재 국내시장을 또 다른 경쟁사의 위협으로부터 안전하게 지킬 수 있었다.

메모하는 습관이 성공의 황금열쇠가 될 것이다.

여러분의 꿈(비전과 목표)을 실현시키는 기록의 힘에 대하여 이야기하고 싶다. 우선 여러분의 꿈(목표)을 기록하라. 더 매력적인 목표를 기록하면 여러분은 스스로 힘을 얻을 수 있고, 이것으로 얻은 에너지는 새로운 생각을 열어 줄 것이다.

메모의 힘

- 꿈을 실현시키는 기록의 힘
- 메모는 성공의 조각
- 머리는 기억하는 곳이 아니고 생각하는 곳이다.
- 자신의 생각을 종이 위에 적는 것은 자신의 생각을 정리하는 과정으로, 글을 쓰다 보면
    - 생각이 더욱 명확해지고
    - 가치에 대한 관념을 심어 주고

- 집중할 수 있도록 해주고
- 인생에 대한 기대를 낮게 해주며
- 훌륭한 결정을 내릴 수 있도록 해주며
- 최대의 자신감을 안겨주는 장점이 있다.

'기록하는 것은 반드시 현실로 이루어진다'는 고대 이집트인의 오래된 믿음이 있다. 또한 세계적인 만화가 스콧 애덤스는 '목표를 기록으로 남기면 구체적인 결과가 다가온다'라고 항상 주장해 왔다.

이처럼 여러분이 미래에 대한 목표를 계속 기록으로 남기고, 하나의 목표가 이루어진 후에는 바로 아래에 다음 목표를 적어 본다면 그 목표는 반드시 이루어질 것으로 본다.

불확실한 목표라도 기록하라. 그것은 향후에 아주 큰 출발이었다고 느낄 것이다. 목표를 적는 행위는 과학적인 면이 있다고들 한다.

목표를 종이에 기록하는 것은 두뇌의 일부분이 망상 활성화 시스템을 자극하고 뇌의 그 특별한 시스템이 여러분을 도와 목표를 이루게 하기 때문이다. 이처럼 일단 목표를 기록하고 나면 무의식적으로 두뇌는 목표를 달성하는 쪽으로 움직인다.

결론은 여러분의 삶은 기록한 대로 전개될 것이라는 믿음을 확실히 갖고 실행하면 될 것이다. 결국 여러분의 손으로 여러분의 성공된 인생을 만드는 것이다.

스트레스는 나의 끊임없는 열정의 원천

사람에게는 일류와 이류가 있다.

일류는 자신의 꿈을 향해 한 걸음씩 나아가는 사람이고, 이류는 현재에 머물러 있거나 오히려 뒷걸음질 치는 사람이다.

스트레스를 바라보는 일류와 이류의 시각은 다를 수밖에 없다. 스트레스를 어떻게 대하느냐에 따라 우리는 일류가 될 수도 있고 이류가 될 수도 있다.

부처님은 '삶은 해결해야 할 문제가 아니라 겪어야 할 현실이다.' 라는 가르침처럼 우리 모두 문제(스트레스)를 짐으로 여기기보다는 일상의 하나로 무난히 소화해 낸다면 스트레스로부터 해방되어 훨씬 행복해질 수 있다.

즉, 일류에게는 일류의 스트레스가 있고 이류에는 이류의 스트레스가 있다고 할 수 있겠다. 스트레스라고 모두 나쁜 것은 아니다. 어떻게 활용하느냐에 따라 좋은 스트레스가 될 수도 있고 나쁜 스트레스가 될 수도 있다.

"스트레스는 부하(負荷)다. 부하란 피트니스 센터에서 자신이 들 수 있는 무게보다 더 무거운 아령을 들려고 하는 일과 같다. 자신이 예전에 해냈던 수준 보다 더 잘하려고 하는 일을 우리는 부하라고 한다."

스스로에게 부하(負荷)를 안겨주는 사람의 능력은 점점 위로 올라가게 되어 있다. 바꿔 말하면 잘하려고 하는 스트레스가 원동력이 되어, 여러분은 점점 더 성장할 수 있게 된다.

이런 이유에서, 엄밀히 말하자면 경쟁도 스트레스다. 대가를 치뤄 타인을 이기는 것으로 여겨진다. 하지만 이 경쟁에서 오는 스트레스를 경쟁자를 다 물리치고 1등이 되는 일이라 생각하지 말고, 남들보다 잘하기 위해 노력하는 것이 아닌, 스스로 발전하고 목표를 이루기 위해 타인을 자극 요소로 생각하면 된다.

경쟁을 스스로의 동기부여를 위한 지원 시스템처럼 생각해라. 긍정적으로 사용하는 것이다. 경쟁적인 사람들은 타인을 돕는 일이 자신의 희생이며, 모두를 이기고 싶어 하기 때문에 금방 이기적이게 변한다. 조금만 생각해 보면 알 수 있다.

당신의 목표는 스스로를 넘는 것이지, 다른 사람을 넘는 것이 아니다. 오로지 스스로와 자신만의 목표만이 중요하다.

업무에서 오는 스트레스는 위협적인 요소이며 위기이다. 중국 속담에 위기(危機)는 위협과 기회를 동시에 내포하고 있다고 말하고 있다. 그러나 그러한 스트레스를 어떻게 받아드리느냐에 따라 다른 결과를 만들 수 있었다. 스트레스의 원인을 알면 그것은 더 이상 스트레스가 아니고 해결책을 찾게 된다.

한 예로, 한 글로벌 기업과 전 세계 구매 물량에 대한 입찰을 프랑스 본사에서 하였다. 팀들과 나름대로 많은 입찰 준비를 하였지만 결과는 실패로 다음 일 년을 기다려야 했다. 이 실패는 많은 스트레스와 충격이었다. 잃어버린 물량을 어디에선가 만회해야만 했고, 다음 해에는 반드시 비즈니스를 다시 찾아와야만 했다.

그러기 위해서 우리 회사 해외 영업팀들과

a) 패배의 주요 원인이 무엇인지를 우리 내부가 아닌 고객의 관점에서 찾아보기로 했다.

b) 그리고 경쟁사와의 차이를 더욱 명확히 이해하기 위해 SWOT 분석을 하여

• 우리가 알고 있는 우리의 강점(제품, 서비스)들이 우리 영업을 통하여 고객사의 전 해당 부서에 제대로 부각되고 있었는지부터 다시 파악하여 개선책을 마련하였고

• 경쟁사에게 잃어버린 물량에 대한 경쟁사의 전 세계 생산량에 대한 분석을 하여 경쟁사의 고객 2곳을 침투하여 잃어버린 고객보다 낮은 가격에 빼앗아 옴으로써 잃어버린 물량을 보충하였고

• 그리고 현재 비즈니스가 없더라도 잃어버린 고객사의 국, 내외 사업장을 꾸준히 방문하여 다음 해를 위한 거래 관계가 단절되지 않도록 했고 아울러 경쟁사에 대한 정보(품질, 생산성, 물

류, 기술 서비스 등)를 입수하였다. 이러한 과정을 통하여 개선된 사항들을 바탕으로 다음 입찰에 단지 가격만이 아닌 다른 가치들을 제공하여 비즈니스를 되찾을 수 있었다.

실패에서 배우라는 옛말이 있듯이, 스트레스를 잘 극복하는 과정에서 일에 대한 강한 주인정신과 결코 다음을 포기하지 않겠다는 열정이 여러분의 가슴속에 지속적으로 타오도록 해야 한다.

"성취감은 늘 고통(Stress)에서 시작된다. 힘들고 어려운 시간이 즐거움을 선사한다."

영업에 왜 높은 윤리 규정이 필요해?

기업 윤리(Business Ethic)란?

- 기업 윤리는 기업이 비즈니스 활동을 수행함에 있어서 행동 강령과 규범을 의미한다. 이는 기업이 고객, 직원, 공급업체, 사회 및 환경과의 상호작용에서 윤리적인 행동 원칙을 따르고 유지하는 것을 포함한다.
- 기업 윤리는 공정한 경쟁, 투명성, 환경 책임 및 이해당사자에 대한 존중을 강조하여 비즈니스가 사회적으로 책임 있는 역할을 수행하도록 유도한다.
- 윤리 경영, 윤리 규정은 최고 경영진의 몫이지만 일반 직원에게도 필요할까라고 일반적으로 생각하는 경향이 있는데, 이는

절대적으로 잘못된 생각이다.

- 영업에서의 높은 윤리의식은 신뢰를 구축하고 장기적인 관계를 유지하는데 도움이 되며, 고객과의 투명하고 공정한 상호작용은 기업의 평판을 향상시킬 수 있다. 또한 윤리적인 영업은 법적 문제를 방지하고 비즈니스의 사회적 책임을 충족시키는데 도움이 된다.

  다시 말해, 만일 영업사원이 단지 매출(실적)만을 위하여 회사의 규정, 국가의 규정을 어겼을 경우에 회사가 받을 피해는 상상을 초월할 만큼 클 수 있고, 기업의 존재 여부까지 영향을 미친다.

- 나의 전 직장(듀폰)에서는 윤리가 회사의 핵심 가치(Core Values) 중에 하나로 모든 직원이 일 년에 한 번씩 반드시 회사에서 실시하는 윤리 규정 설문조사(Ethic Survey)를 제출하여야 하고 아울러 정기적인 윤리교육에 참석해야 한다.

  그리고 윤리 규정 위반 시에는 지위 고하를 막론하고 바로 퇴사 조치를 시키는 등골이 오싹할 정도의 엄격한 규정이 있다.

To Do List

효율적인 시간 관리 도구

나의 일정표

✓			
1			
2			
3			
4			
5			
6			
7			
8			
9			
10			
11			
12			
13			
14			
15			

Do not talk, Write it down! (말로 하지 말고, 작성하라!)

일정표(To Do List)는 해야 할 일을 적은 목록으로 하루에 해야 할 일을 쉽게 확인하는 방법으로 그날 할 일을 작성하고 중요도에 따라 업무 순서를 리스트 앞에 1, 2, 3, 4… 순서를 매겨 놓는다.

한마디로 말하자면 오늘 하루를 단순하게 만들어 주는 '방향키 또는 나침반'의 역할을 해준다. 이를 통해 일상 생활과 업무를 조직적으로 진행할 수 있고, 목표를 달성하는 데 도움이 된다.

작성 시 꽉 채우지 말고 여백을 남겨둘 필요가 있다. 왜냐하면 계획에 없었던 급한 일이 발생했을 경우에 유동적으로 업무 순서를 바꿀 수 있기 때문이다.

처리한 일들은 빨간 펜으로 줄을 그어 나간다. 작지만 여러분의 성취도를 느낄 것이다.

나의 일정표 사례(부산 파견 시)

이 To Do List를 나는 가능하면 전날 밤에 작성하였다. 그러면 출근해서 아침에 서두를 필요가 없고 차분히 작성한 일들을 다시 한번 생각할 수 있는 여유와 함께 일의 집행에 대한 아이디어도 새로워질 것이기 때문이었다.

요즈음에는 시간 관리를 위한 많은 프로그램이나 유용한 앱이 그리고 휴대 전화기의 일정표를 활용할 수 있지만, 과거에는 대부분 손으로 작성(手記)하였다.

나의 경우에는 줄이 그어 있는 대학 노트의 한 면을 반으로 접어, 좌측 면에는 첫 줄에(1), 다음 줄에 (2), 그다음 줄에 (3), (4)의 순서로 일일 계획을 작성하였다.

작성 후 책상 위에 올려 놓고 거래처를 방문하였다. 서울에서 부산 사무실로 파견되었기에 나의 업무를 도와줄 CSR(customer service representative)이 없고, 지금처럼 개인 휴대폰이 없던 시절이라 긴급시 서울 본사 사무실에서 나와의 연락(communication)이 필요할 경우에 서울 사무실에서 부산 사무소로 유선 전화를 걸어 내 책상의 to do list상의 거래처 방문 일정을 보고 나의 고객에게 전화해 나와의 연락이 원활할 수 있는 아주 유용한 수단이 되었다.

우선	순위 방문할 고객	방문 시각	방문 목적
A	1. AAA거래처 방문	10:00am	샘플 제공
A	2. BBB거래처 방문	13:00pm	신규 오더 협의
A	3. CCC거래처 방문	14:30pm	샘플 테스트 결과 논의
B	4. 고객 방문 보고서작성	17:00pm	

작성 시 꼭 채우지 말고 여백을 남겨둘 필요가 있다. 왜냐하면 계획에 없었던 급한 일이 발생했을 경우에 유동적으로 업무 순서를 바꿀 수 있기 때문이다.

처리한 일들은 빨간 펜으로 줄을 그어 나간다. 작성하면서 작지만 성취도를 느낄 수 있다.

그 당시 부산사무소에는 일반적으로 칠판에 직원 행선지 표시판이 있었지만, 다른 직원들이 내가 to do list로 나의 일정을 효율적으로 관리하는 것을 보고 좋은 평가를 했다는 이야기를 들었다.

완료한 일들은 빨간 펜으로 줄을 긋고, 미완료된 일은 다시 일정을 기록한다.

70:30 원칙

우리 문제는 현장에 답이 있다. 고객 방문에 **70%** 시간을 할애하라.
사실(Fact)은 사무실 밖에 있다. 사무실 안에 있는 것은 의견(Opinion)
뿐이다.

우문현답(愚問賢答). '어리석은 물음에 현명한 답'이란 뜻의 사
자성어이나 '우리의 문제는 현장에 답이 있다'는 뜻의 신사자성어로
자리 잡은 지 오래다. 현장의 목소리에 귀를 기울이는 현장 중심의
행정 · 경영 철학을 강조할 때 쓰이고 있다.

1,000년 전 송나라 때의 저명한 역사학자인 사마광(司馬光)이
쓴 역사서 《자치통감(資治通鑑)》에서 유래된 '각답실지(脚踏實地)'
라는 고사성어로 현장을 중시하라는 뜻을 담고 있다. 실제 사실을
확인하기 위해 발로 뛰며 답사(脚踏實地)한다는 뜻이다.

현대 경영학자 중에도 우문현답의 정신을 강조하는 사람이 많
다. '레인메이커(rainmaker: 뛰어난 노력으로 회사에 이익이라는 단비를 내
리게 하는 사람)'라는 용어를 만든 세계적 경영 컨설턴트 제프리 J 폭
스도 그중 한 사람이다.

그는 기업 CEO는 회사 구석구석을 빠짐없이 살피고, 지위고하
를 막론하고 많은 직원과 만나 그들의 이야기에 귀를 기울이라고
주문한다. 특히 뭔가를 제조하고 판매하는 직원들의 말에 더욱 귀
를 기울이라고 강조하면서, 가능하면 중요한 고객과 공급업자도 직
접 만나보라고 권유한다.

여러분들은 경쟁사와 똑같이 해서는 이길 수 없다. 1등을 하려면 더욱 강하고 치열해야 한다. 왜냐하면 고객은 항상 새로운 것을 원하고, 새로운 상품을 제공하는 경쟁자는 언제나 있다. 그리고 고객은 기다려 주지 않는다. 오늘이 넘어가기 전에 경쟁사보다 먼저 고객의 애로사항(문제점)을 발견하고 새로운 방법과 해답을 찾으려면 현장으로 경쟁사보다 빨리 뛰쳐나가야 한다.

왜냐하면 현장은 기업의 최전선으로 고객과 부딪치고 본 게임을 하는 경기장이기 때문이다. 그래야 비즈니스 정글에서 성공하고 살아남을 수 있다.

그러기 위해서는 영업사원은 시간의 70%는 고객과의 만남에 할애하라고 권한다. 즉, 경쟁사 보다 더 많은 시간을 고객과 함께(together with customer)하라는 얘기다. 그러면 현장에서 많은 것을 느끼게(배우고) 되고 얻은 정보를 분석하고 잘 활용해서 고객이 필요한 것을 한 발 먼저 제공할 수가 있다.

피터 드러커는 "진정한 지식은 그 자체에 행위를 내포하고 있다"라고 말하며 실행력의 중요성을 강조했다. 곧 현장 중심의 실행력을 가진 사람이 성공하는 사람이다. 그리고 맡은 일은 절대 포기하지 않는다(Never Give Up)는 정신으로 기필코 해결한다는 끝장 정신을 가지고 임하는 사람이 진정 전문적인 영업사원이 아니겠는가.

아울러 피터 드러커는 "프로는 연령, 경력, 직책 등과는 관계없다. 성과와 목표달성 공헌에 책임지고 임하는 사람이 프로다"라고 강조했다. 리더가 아닌 신입사원이라도 조직의 성과와 공헌에 대한 책임

의식을 지고 앞서 실천해 나가는 사람이 진정 '프로'가 아니겠는가.

끝장 정신을 놓지 않고 현장으로 나아가 앞서서 얼음을 깨는 자세가 바로 프로의 자세다.

이러한 자세로 거래처 생산 현장의 작업자와의 관계가 비즈니스 성패를 좌우한다. 즉, 실사용자인 현장 라인의 작업자들로부터 우리의 제품과 경쟁사 제품의 장·단점에 대한 중요한 정보를 얻을 수 있으며 아울러 그들과 친밀한 관계 시 어느 정도 우리의 단점 또는 제품 클레임 발생 시 사전에 많은 도움을 받아 미리 대처할 수 있었다.

미국 카네기 멜론대학교에서 성공에 미치는 요인을 분석한 결과 기술과 능력은 단지 15퍼센트에 불과했고, 85퍼센트는 좋은 인간관계와 공감 능력이 좌우한다고 했다.

이 모든 것들이 현장에서 이루어지기에 영업사원의 직접 발로 뛰는 빈번한 현장 방문이 성공의 중요한 요인이 된다.

현장에서 반복되던 클레임 해결

1980년대 초 필자가 종합상사에서 천연고무를 수입하여 판매하는 부서의 담당자 시절의 사례를 소개하고자 한다. 말레이시아에서 많은 천연고무를 수입 후 통관하여 경인지역의 창고에 보관하여 판매를 하였다.

그러나 가끔 수입한 생고무 수량과 통관 후의 물량이 차이가 있어 수출업자에게 부족한 수량에 대한 보상(Claim)을 요구해야 했다. 그러나 그것도 한 번이지 여러 번 보상을 요구하자 수출업자는 정확한 물량을 컨테이너에 적재하였고 화물 선적 목록에도 정확히 명기되어 있고 이제는 보상에 응할 수 없다 하여 서로가 민망하고 신뢰의 문제 상황까지 이를 수 있어 이 문제를 어떻게 해결해야 할 것인가 많은 생각을 하던 중 부산에 내려가 통관 현장에 직접 가서 확인하는 것이 최선책이라 판단했다.

그래서 7월 중순 한 여름의 더위에 통관 현장에서 콘테이너 개봉부터 한 덩어리(Bale)가 111kg인 천연고무를 작업 인부 2분이 한 조가 되어 어깨에 멘 긴 각목의 중간에 달린 커다란 쇠 갈고리로 찍어 한 덩어리씩 콘테이너 내부에서 바닥으로 생고무 덩어리를 하나하나씩 떨어뜨리며 구두로 카운트하는 원시적인 작업 방법이었다.

20톤(180덩어리)를 카운트하는데 문제가 있었다. 하나, 둘, 셋, 넷, 다섯, 여섯, 일곱, 여덟, 아홉, 열… 콘테이너 내부는 상상 이상의 찌는 온도, 습도로 정말로 견디기 힘든 환경이었다. 그러나 180덩어리가 제대로 선적되었는지 확인하러 현장에 내려갔기 때문에 절대로 포기할 수 없었다.

인부들이 한 덩어리씩 바닥으로 떨어뜨릴 때 고참 인부 한 분과 내가 같이 카운트하였다. 3시간 정도 걸려 하역 작업이 끝났을 때 인부 측의 카운트는 179덩어리이었다. 나는 180덩어리가 맞았는데 뭔가 이상해서 생각해 보니 하역 중간에 잠깐 내가 손수건으로 안경을 벗고 땀을 닦는 사이에 인부가 카운트를 일부러 하나 안 세고 속인 것 같아서 콘테이너에서 내려가 다시 카운트하자고 하자 수량에 문제가 없다며 심한 반발이 있었다.

그러나 그냥 물러설 수 없는 상황이었다. 끝장을 봐야 했다. 그래서 다시 카운트해서도 179덩어리이면 기본 시급의 150%를 지불하겠다고 하고 그 상황을 선박회사에 항의하였다. 결국 바닥의 생고무를 다시 카운트를 하였다.

　결론은 180덩어리가 제대로 선적이 되었다. 그 당시 RSS3급 생고무 한 덩어리(111kg) 소매가격이 100만 원 정도이었다. 수입 화주가 하역 작업에 거의 참관하지 않고 관세 사무소에 의뢰하기에 이런 경우에 한 덩어리를 팔아서 그들이 사용한 것이다. 결국 가끔 한 덩어리가 부족한 상황은 해결되었다.

　거의 6시간에 걸친 하역 작업 중 본사의 물류 부서장님이 마침 회사의 수입 물품 하역 작업 확인 차 오셨다가 필자가 땀에 범벅이 되어 일하고 있는 현장을 보고 가신 모양이었다.

　부서장님께서 내가 무더운 한여름 현장에서 열심히 일하고 있었다고 부서장님들의 모임에서 얘기를 하셔서 직속 부서장님에게 칭찬을 받은 적이 있었다. 무엇을 바라고 한 일은 아니지만 현장을 찾아 성실히 움직이면 문제 해결의 실마리와 함께 예상 밖의 다른 긍정적인 일이 생길 수도 있다.

　능력 있고 훌륭한 직원이란 실행력이 있고 현장에 강한 사람이다. 왜냐하면 현장은 기업의 최전선으로 고객과 부딪치고 본 게임을 하는 경기장이기 때문이다. 따라서 현장을 잘 아는 영업사원은 고객의 애로점을 직접 들어 일 처리에 신속 능숙하며, 고객 창출에도 강하다.

20 고객 접대

고객 접대는 비즈니스 활동에서 중요한 요소이다. 접대하는 방식은 여러 가지 형태가 있는데 슬기롭고 세련된 고객 접대가 되어야 고객도 영업사원도 만족할 수가 있다.

그 중요성은
1) **신뢰 구축** : 영업 접대를 통하여 상대방과의 긍정적인 관계를 형성하고 신뢰를 구축할 수 있다.
2) **비즈니스 기회 확장** : 친근하게 대우하고 관계를 강화함으로써 새로운 비즈니스를 창출할 수가 있다.
3) **파트너십 강화** : 영업 접대는 파트너십을 강화하고 유지하는데 도움이 도며, 상호 협력을 증진시킨다.

4) 긍정적인 인상 : 세련된 영업 접대는 긍정적이고 전문적인 이미지를 형성하여 회사나 제품에 대한 인상을 향상시킨다.

5) 고객 만족도 향상 : 고객을 세련되게 대우하면 고객 만족도를 높일 수 있으며, 장기적인 관계를 유지할 수 있다.

총체적으로, 영업 접대는 비즈니스 성공과 지속 가능한 관계 형성에 중요한 역할을 한다.

과거의 술 접대와는 다른 현 비즈니스 환경에 맞는 슬기로운 고객 접대 유형을 소개하고자 한다.

1) 비즈니스 브런치나 저녁 식사 : 고객이나 협력사와의 비즈니스 미팅을 갖거나, 저녁 식사를 통해 비공식적인 환경에서 소통과 관계를 높인다.

2) 이벤트 참석 : 산업계의 이벤트나 컨퍼런스에 참석하여 다양한 사람들과 소통하고 비즈니스 기회를 모색한다.

3) 기념품(Give away) 및 선물 : 고객회사의 내부 규정에 위배되지 않는 범위에서 신중하게 선택한 선물로 감사의 마음을 전하고, 상대방에게 긍정적인 인상을 남겨라.

4) 개별 맞춤 선물 : 고객의 취미, 성향을 잘 파악하여 그에 잘 어울리는 정성 어린 선물(큰 금액이 아닌)을 준비하라. 스포츠용품, 음악회/ 전시회 티켓 등등으로 차별화된 맞춤 선물

5) 야외 활동 : 테니스, 등산, 골프, 마라톤 등 고객과의 야외 활동

이처럼 슬기로운 영업 접대는 타인을 배려하고 긍정적인 경험을 제공하는데 중점을 두며, 궁극적인 목표인 장기적인 비즈니스 관계를 유지하고 확장하는데 목적이 있다.

Part

4

리더의 책무

이 파트는 미래의 리더가 될 여러분과 현재 리더 임무를 수행하고 있는 매니저에게 역할을 잘 수행하여 조직의 목표를 달성하는데 도움이 되리라 믿는다.

옛날이나 지금이나 기업의 본질에는 변함이 없다. 기업은 영원하다(계속 기업)는 전제 아래 지속적으로 성장하고, 수익을 창출해야 한다. 그러기 위해서는 다양한 능력들이 한 방향, 즉 모두가 한마음으로 보물섬(Vision, 목표)를 향해 매진해야 한다. 조직 전체에 방향성을 부여하고, 구성원들의 자발적인 동기를 이끌어 내어 조직을 항상 역동적인 상태로 유지하면서 그 모두를 올바른 방향으로 이끌어 가는 사람이 리더이다.

최후의 승자와 패자는 기술적 지식에 의해 결정되지 않는다. 승리하는 조직은 구성원들 모두를 전략적 사고를 하는 사람으로 만들며 아울러 기업 내외에서 효과적으로 대화하고 동기부여하는 방법을 알고 있는, 유능하면서도 창조적인 리더가 있는 조직이다.

01

리더의
임무와 역할

리더의 감정과 행동은 직원들에게 전염된다.

조직의 수준은 곧 리더의 수준이라는 말이 있다. 유능한 리더가 있는 조직은 험하고 거친 바다에서도 목적지를 향해 항해하지만, 무능한 리더는 잔잔한 바다에서도 배를 암초에 부딪히게 만든다. 리더가 어떤 결정을 하느냐에 따라서 조직이 성공하기도 하고, 실패하기도 한다. 그래서 모든 리더들은 리더가 되기 전에 반드시 리더십을 공부하고 훈련해야 한다.

리더는 아무나 하나?

현실은 리더십을 기초부터 체계적으로 배울 수 있는 곳이 별로 없다. 대다수의 경우가, 타고난 기질과 성장배경 그리고 업무 현장에서 부딪치고 실패하면서 리더십을 배우고 있다. 그러다 보니 자신과 맞는 사람들에게는 리더십이 통하지만, 자신과 다른 기질이나 성장 환경, 다른 성향을 가진 사람들에게는 리더십이 잘 통하지 않으면서 소통하지 못하는 상황이 많이 발생하게 된다. 그렇기 때문에 자신만의 독특한 리더십을 고집할 것이 아니라 모든 사람들에게 통할 수 있는 보편적인 리더십을 체계적으로 배워야 한다.

매니저 여러분은 조직의 리더이다. 우선 리더는 어떤 사람인가 하는 정의부터 잘 이해하고 있어야 한다.

리더십은 단순히 사람을 이끄는 기술이 아니다. 내가 누구인지를 알아야 하고, 내가 이끌고 싶은 사람은 또 누구인지도 알아야 한다. 사람을 이끄는 수많은 방법 중에서 가장 좋은 방법이 무엇인지도 알아야 하고, 무엇을 위해서 사람을 이끌어야 하는지도 알아야 한다.

그렇기 때문에 모든 리더들은 리더가 되기 전에 반드시 리더십을 공부하고, 훈련해야 한다. 그래서 존 F. 케네디는 "리더십과 학습은 서로 불가분의 관계이다"라고 말했다. 리더는 타고나는 것이 아니라 이론과 실습으로 교육되고, 훈련되면서 만들어진다. 훌륭한 리더는 자신을 준비시키고 동료를 준비시키며, 조직을 준비시켜 조직의 목표를 달성하게 한다.

리더십은 조직 또는 기업이 지향해야 할 비전과 목표를 설정하고 의욕적이면서도 신바람나게 일하도록 이질적인 조직 구성원들을 팀으로 묶어 잘 활용하여 그들의 동기를 유발하고 분위기를 조성하는 과정이라고 정의할 수 있다.

그 과정은 조직원에게 변화, 용기, 새로움, 영감을 주는 모든 행위가 포함되며 조직원들의 자발적인 협력(조직의 긍정적 에너지)을 이끌어 내어 바람직한 결과를 얻어내는 사람이다. 또한 물과 기름을 섞듯이 이질적인 조직원들을 이끌어서 어려운 목표를 달성해 내야만 하는 존재가 리더이다.

그러면 이러한 리더의 자질은 태어나는 것인가? 아니면 개발될 수 있는 것인가라는 질문을 가질 수 있다. 리더는 태어나는 것이 아니라 만들어지는 것이다.

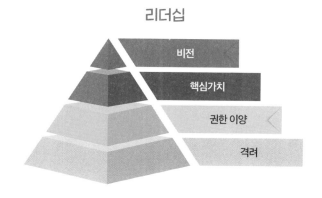

리더십

내가 그간 여러 리더십 책에서 배우고 직접 겪은 훌륭한 리더란

(1) 높은 윤리의식을 가진 사람

파트 1에서 왜 높은 윤리의식이 필요한지에 대해 설명했듯이, 리더 역시 높은 윤리의식을 가져야 한다.

리더부터 깨끗하고 공정해야 한다. 리더가 도덕성을 의심받는 사람이라면 부하 직원들을 이끌 수가 없다. 사람은 도덕적으로 믿을 수 있는 사람, 사회적으로 가치 있는 일을 하는 사람을 따르고 자신의 재능과 시간을 투입하는 존재이기 때문이다. 그래서 리더는 개인적으로나 업무적으로 높은 수준의 윤리 기준과 도덕성을 가져야 한다.

(2) 공부(학습)하는 사람

리더가 무지한 조직은 성장할 수 없다. 리더가 지속적으로 새로운 것을 배우지 않고 과거의 진부해진 지식만을 가진 무지의 상태가 지속된다면 그 리더는 고정관념과 편견으로 조직을 이끄는 위험한 상태가 될 수 있기에, 리더는 자기 자신(너 자신)을 알고 부하보다 적극적으로 새로운 것을 배우는 자세를 가져야 한다.

(3) 직원을 존중하는 사람

리더는 직원 존중의 선봉에 있어야 한다.

직원 존중이란, 모든 직원을 동등하게 대우하고 그들의 의견과

가치를 존중하는 것을 말한다. 이는 상사와 부하 간, 동료 간 상호 존중을 포함한다. 일방적으로 지시하고 따르도록 명령하던 수직적이고 폐쇄된 스타일의 리더십으로는 안 된다.

직원 존중은 조직 내의 상호 의사 소통과 협력, 팀워크를 강화하고, 직원들 간의 신뢰를 증진시키는데 중요하다. 아울러 긍정적인 직장 분위기를 조성하여 직원들의 업무 만족도와 성과를 향상시키는데 도움이 된다. 이는 조직의 성공과 발전에도 막대한 영향을 미친다.

내가 근무했던 글로벌 기업의 사례가 도움이 될 것 같아 소개를 한다.

직원 존중은 회사의 중요한 핵심가치(Core Value)의 한 항목이었다. 직위고하를 막론하고 위반을 하면 즉각 퇴사라는 엄벌이 내려진다.

차별
- 인종, 피부색, 연령, 젠더, 성 정체성, 성별, 출신 국가, 장애, 종교, 종교적 신념, 성적 취향, 결혼 여부, 병역 여부, 임신 또는 유전적 정보를 기반으로 한 차별을 금지한다.

괴롭힘
- 괴롭힘은 개인을 향한 불쾌한 행동으로 위협적, 적대적 또는 모욕적인 업무 환경을 조성하며, 아래와 같은 특성이 있다.
  - 업무 수행을 힘들게 만들거나 업무 기회에 부정적인 영향을

미친다.

- 모욕적인 비난, 농담, 불명확한 언행, 부정적 고정 관념, 또는 위협 등이 포함된 구두 또는 서면으로 이루어진 의사소통 내용
- 응시, 흘겨보기, 부적절한 선물 제공 등과 같은 비언어적 행위, 공격 또는 원치 않는 접촉 등 신체적 행동, 모욕적인 사진, 만화, 그림 또는 제스처 등 시각적인 이미지
- 고용, 승진, 해고 또는 기타 고용 조건을 빌미로 한, 권위 있는 사람의 성적 대접 요청 또는 요구.

경영진의 책임

모든 상급자 및 관리자는 서로를 존중하는 근무 환경이 되도록 만들 책임이 있다. 직원이 우려 사항이나 갈등을 해결할 수 있도록 감독자와 관리자가 적극적으로 지원하는 것도 여기에 포함된다.

또한 감독자와 관리자는 인사부와 협력하여 차별, 괴롭힘, 따돌림 또는 부적절한 행동에 대한 불만 사항을 적절하게 효과적으로 처리할 책임이 있다.

보복 금지

본 원칙에서는 차별, 괴롭힘 또는 본 원칙에 대한 기타 위반 우려 사항을 선의로 신고하는 직원에 대한 보복을 엄중히 금지한다.

(4) 비전을 만드는 사람

꿈은 이루어진다! 꿈의 힘을 믿어라!

　'한 사람이 꾸는 꿈은 그저 꿈일 뿐이지만 모두가 같은 꿈을 꾸면 현실이 된다.', '사람의 몸은 심장이 멎을 때 죽지만, 사람의 영혼은 꿈을 잃을 때 죽는다'라는 말이 있다. 조직 역시 꿈(비전)이 필요하다. 조직은 리더의 꿈에 의해 성장한다.

　리더는 조직을 경영하면서 늘 꿈을 이야기하고 공유해야 한다. 여기서의 꿈은 '미래의 가능성'이다. 리더는 꿈을 통해 다른 사람이 보지 못하는 미래의 가능성을 보아야 한다.

　자신의 꿈을 말하고, 꿈이 실현되면 무엇이 어떻게 달라지는지 말할 수 있는 사람, 그리고 꿈을 달성하기 위해 무엇을 해야 하는지를 구체적으로 제시할 수 있는 사람, 그런 사람이야말로 진정한 리더이다.

　비전이란 조직의 바람직한 미래상을 표현한 것으로서 미래에 어

떠한 기업이 되고 싶은가를 나타낸 조직 구성원의 소망(꿈, 보물섬))
이다. 비전에 담긴 미래는 현재 존재하지 않고 불확실하지만 믿음
을 가지고 추구하면 언젠가는 도달할 수 있는 가능성의 세계이다.

- 비전의 제시는 1차적으로 리더의 몫이다.
- 나폴레옹은 "리더는 희망을 배포하는 사람"이라 했다.
- 리더는 사람들에게 꿈을 가질 수 있게 하고, 격려하면서 그들 가
  슴에 열정을 불어 넣어 적극적이고 자발적인 참여를 이끌어 내
  어 회사의 비전을 달성할 수 있게 하여야 한다.
- "사랑이란 서로 마주 보는 것이 아니라, 한 방향을 바라보는 것
  이다"라고 했다. 어린왕자를 쓴 생 텍쥐베리의 말이다. 남녀 간
  의 사랑뿐 아니라 조직에서도 같은 방향(비전)을 향해 몰입하고,
  뜻하는 바를 같이 하겠다고 했을 때 일터에 대한 강한 애착을 갖
  게 되지 않겠는가?

(5) 책임을 지는 사람

- 조직이란 여러 사람의 꿈을 안고 가는 생명체이자 끊임없는 평
  가가 오가는 냉혹한 전쟁터인 만큼, 리더는 어떤 임무를 맡았으
  면 자신의 모든 것을 다 걸어 확실한 결과(성과)물을 내야 한다.
- 그래서 리더는 직원들로부터 인사와 사랑을 독차지하는 지위,
  특권을 누리는 자리가 아닌, 시스템을 관리하고 조직원들을 리
  드해서 올바른 판단을 내리고 조직원들이 일을 잘하게 만들어서

단기간의 성과뿐만 아니라 장기간의 성과 창출 등 구체적인 성과를 만들고 모든 일에 책임을 져야 하는 사람이 리더이다.

- 리더가 특권을 누리는 사람이 아니라 움직이는 사람이라는 것을 보여줄 때, 리더의 열정과 노력은 전 구성원의 애착과 몰입으로 이어진다.

(6) 부하 직원 개발

사람이 중요하고 사람만이 해낼 수 있다. 리더란 다른 사람을 통해 목표를 달성하는 사람이다.

- 기업은 곧 사람이다. 좋은 자질을 가진 사람이 다양한 경험을 통해 길러지고, 단계별로 검증된 인적자원이 직급별로 풍부하게 있는 조직은 번영할 수밖에 없다. 즉, 직원의 무한한 잠재력을 인정하고 그것을 꾸준히 개발, 활용하는 것이 기업의 성공 비결이다.

- 경쟁이 한층 치열해지고 있는 환경에서 기업은 전략적인 경쟁 우위를 갖추어야 한다. 나는 가장 확실하고 믿음직스러운 경쟁 우위는 기술이나 제품이 아닌 회사의 직원(소중한 자산)이라고 생각한다. 그래서 직원들을 잘 교육시키고 사기를 높여 그들의 폭발력 있는 엄청난 잠재력을 활성화하는 것이 경쟁력을 높이는 가장 확실한 길이다.

- 하버드 경영대학원의 벤슨 샤피로 교수는 "사람이 중요하다, 사람만이 일을 해낼 수 있다"라고 했다. 결국 사람이 경쟁력이다.

조직 안의 사람들이 더 빨리 생각하고 더 스마트하게 일할 수 있도록 리더는 부하 직원들을 개발하여야 한다. 즉, 리더란 가능성이 있는 인재들을 자기보다 뛰어난 인재로 육성하는 사람이다.

- 부서의 목표를 달성하기 위해서는 리더 혼자만으로는 불가능하다. 당연히 부하 직원들의 협조와 노력이 요구된다. 얼마나 빨리 부하 직원의 능력을 개발하느냐가 부서장(Manager)의 중요한 임무 중의 하나임과 동시에 사업의 중요한 성공요소(KSF: Key Success Factor)이다. 유능한 직원은 회사의 중요한 자산(Asset)이기 때문이다.

- 부하 직원에게 적절한 목표를 부여하고, 맡길 줄 알아야 한다. 그 목표를 달성하는 과정을 잘 지켜보면서 도와주고, 목표가 달성되면 새로운 과제를 부여하면서 다양한 경험을 통하여 부하 직원의 역량을 잘 키워 미래의 리더로 성장할 수 있도록 도와주어야 한다. 즉, 리더는 주인공이 아니라, 주인공인 직원들이 일을 잘할 수 있도록 분위기와 환경을 조성해 주는 서포터가 되어야 한다.

세일즈 매니저의 경우, 자기 부하 영업사원이 고객 방문 전에 어떤 목표를 가지고 어떤 방향과 내용으로 상담을 이끌지 준비하는 경쟁력 있는 세일즈 전략 수립 과정과 아울러 고객 방문 후 상담 과정을 함께 점검하고 지도, 평가를 해야 한다.

이를 위해서, 영업사원의 고객 방문 전에 방문 목적에 관하여 질문해야 하고 영업사원의 고객 방문 후 방문보고서(sales call report)

를 제출케 하고 그리고 종종 영업사원과 같이 동시 고객 방문(Joint call)을 하여 영업사원이 그간 배운 영업 스킬을 상담과정에서 잘 활용하고 있는지를 지속적으로 확인하고 코칭하여야 한다. 세일즈 매니저 또한 영업사원과 같이 고객 방문을 통하여 고객과의 관계를 더욱 친밀한 상태로 발전시켜 나갈 수 있다. 아울러 세일즈 매니저의 이러한 고객과의 친밀도는 거래를 가로막는 장애요소가 발생했거나 중요한 거래를 마무리 지어야 할 때 커다란 도움을 줄 수가 있다.

- 결국 리더는 다른 말로 표현하면 일의 발전과 구성원의 성장을 위해 책임감과 자기 희생을 각오하고 있는 사람이다.

- "1년 앞을 내다보는 사람은 꽃을 심고, 10년 앞을 내다보는 사람은 나무를 심고, 20년 앞을 내다보는 사람은 사람을 심는다."라고 했다.

(7) 모범을 보이는 사람

- 중국의 역사가인 사마천은 그의 저서 〈사기열전〉에서 "아는 것이 어려운 것이 아니다. 알고 있는 대로 처신하는 것이 어려운 것이다"라고 지적했다. 이처럼 리더의 생각과 행동을 부하 직원이 매일, 매시간 보고 배운다. 즉, 생각과 행동에는 강한 전염성이 있기 때문이다. 그러기에 모든 면에서 리더는 모범이 되어야 한다.

- 리더 자신이 분명한 가치관과 비전을 갖고 모범을 보여야 조직

을 이끌어 갈 방향과 에너지를 얻을 수 있다.

- 리더는 언제나 에너지가 넘쳐야 한다. 가장 먼저 출근하고, 가장 먼저 발로 뛰는 사람만이 리더가 될 수 있다. 그래서 리더는 "입과 얼굴이 아닌 등"으로 이야기해야 한다. 항상 일관성 있는 행동으로 변화의 모범을 보임으로써 부하 직원들에게 확신을 심어 주어야 한다.

(8) 감동을 주는 리더(마음을 움직이는 리더)

- 피터 드러커는 "이제는 지위로 조직원에게 군림하는 시대는 지나갔다. 인간적인 매력과 영향력으로서 추종자를 만들어 내야 한다"고 했다.
- 다른 사람을 챙겨줄 만한 인간성이 있는 사람, 즉 권위가 아닌 마음을 열고 진정 어린 소통과 감동으로 조직 구성원의 마음을 움직이고, 조직을 움직이는 리더가 되어야 한다. "감사하는 마음이 사람을 움직인다." 정서자본(Emotional Capital)의 저자 케빈 톰슨은 기업의 숨겨진 힘은 '정서자본'에 있다고 했다.
회사(조직) 식구들의 기쁨이나 슬픔을 유형 자산처럼 챙기고 관리할 줄 알아야 한다. 기술과 시스템이 아무리 뛰어나도 구성원들의 열정과 헌신적인 마음이 없으면 사상 누각이 된다. 이처럼 리더는 부하 직원들을 따뜻한 마음으로 잘 챙기고 그들의 마음을 움직여 조직의 목표를 같이 달성하여야 한다.
- 일본의 마쓰시타 전기의 창업주인 고노스케 회장은, 직원들이

일하는 모습을 보면서 '이 사람들이 행복해지도록 만드는 것이 내가 해야 할 가장 큰 임무'라는 것을 항상 마음속에 새기고 경영을 했다 한다. 그는 직원 한 사람 한 사람에게 마음속으로 감사해 했다.

- 리더의 힘(Power)은 권위에서 나오는 것이 아니라 인격과 실력에서 나오는 것이다. 즉, 진심과 배려로 소통하는 따뜻한 리더십(따뜻한 카리스마)에 회사(조직)원들이 존경하고 따르게 된다.

- 임진왜란 때 이순신 장군의 따뜻한 보살핌과 인간애에 감동하고 따르는 사람이 많았기에 이순신 장군은 오랫동안 쌓은 신뢰로 국가의 풍전등화 상황에서 12척의 배로 330척의 일본 해군을 격파하여 전쟁을 승리로 이끌었다.

- 다시 말하자면, 리더라는 직위를 통해 얻는 표면상의 경의를 실질적 존경심으로 바꾸어야 한다. 그래야 조직원들의 신뢰를 얻고 조직의 긍정적인 에너지를 이끌어 내어 목표를 달성할 수 있다.

02 동기부여
-사람을 움직이는 힘

사람을 움직이는 힘은 돈이 아니라 인정과 칭찬이다.

사람은 자신의 특정한 행동이나 자신의 욕구를 충족시켜 줄 것이라고 기대하거나 또는 결과적으로 충족시켜 줄 때 그 행동을 하게 된다. 이렇게 어떤 사람을 내적으로 움직여 장애물을 극복하고, 성공적으로 꿈을 이루게 행동을 하도록 만드는 욕구가 동기(motive)이며, 행동하도록 이끄는 것이 동기부여(motivation)이다. 동기부여는 우리의 꿈과 욕구에 따라 우리를 한쪽 방향으로 이끈다.

마이크로소프트(MS) 창업자인 빌 게이츠는 "잡스가 주문을 걸면 직원들은 최면에 빠진다. 애플 직원에게 동기를 부여하고 장시간 일하게 만드는 데 달인이었다."라고 스티브 잡스를 칭찬했다.

매니저의 역할 중에서 또 하나 중요한 임무는 스티브 잡스처럼 조직원들이 신바람 나게 일할 수 있는 동기를 유발시켜야 한다.

왜냐하면 업무성과 = 직원들의 업무능력 X 직원들의 능력에 연관이 있기 때문이다. 여기서 중요한 것은 열정과 능력의 두 요소 간의 관계가 더하기(+)와 빼기(−)가 아니라 곱하기(X) 또는 나누기(÷)가 된다는 사실이다.

그래서 열정과 능력이 조금씩 올라가면, 올라간 만큼만 성과가 나타나는 것이 아니라 둘 중에 한 요소가 조금만 향상되더라도 곱하기로 시너지 효과(Synergy effect)가 나타나 훨씬 더 큰 성과를 나타낸다. 결국 조직의 성과를 이루어내기 위하여 리더는 조직원들의 열정과 능력을 향상시키기 위해 동기부여를 잘 하여야 하는 이유가 여기에 있다.

동기유발은 개인의 욕구(필요 니즈)를 만족시키는 조건하에 조직의 목표(organizational goal)달성을 위해 생각하고 노력하는 자발적 의지를 이끌어 내는 것이다. 그러기 위해서는 우선 조직원에게 자사 제품이나 서비스가 세상을 좀 더 낫게 바꿀 것이라는 믿음을 주고 그들이 의미 있는 프로젝트에 참여하고 있다는 자부심을 심어줘야 동기부여가 유발된다.

조직원의 동기부여를 극대화하기 위해서는
- 동기부여 핵심은 돈이 아닌 '일의 질'(Quality of Work)
- '일의 질'은 다양한 형태로 나타난다. 경력에 도움이 되거나 의미가 있거나 기업 문화가 좋거나 워라밸(일과 생활의 균형)이 가능한 일 등이다.

- 간섭 아닌 독립성을 보장해 성취감을 주어야 한다.
- 성공한 기업의 공통점은 직원에게 단순히 일을 맡기는 데 머무르지 않고 직원 스스로 해냈다고 느끼게 만드는 데 있다. 간섭보다는 독립성과 주도성을 보장해줘야 성취감을 느낄 수 있다.
- 일뿐만 아니라, 권한도 나누어야 한다.
- 그리고 직원들의 능력과 노력을 제대로 인정하고 칭찬하는 것. 사람을 움직이는 힘은 돈이 아니라 인정과 칭찬이다.

동기 유발 방법

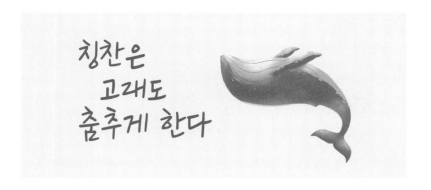

하나의 목표를 이뤘을 때, 어려운 시련을 넘겼을 때, 부하 직원에게 어떻게든 보상을 해주어라. 성취한 작은 것들을 축하해 주며, 작은 칭찬이라도 좋다. 사람을 움직이는 힘은 돈이 아니라 인정과 칭찬이다.

이래야만 동기부여가 사라지지 않고, 앞으로도 부하 직원이 활동적이고 강한 태도를 유지할 수 있기 때문이다. 그러나 대부분의 리더들이나 회사들이 인정과 칭찬의 중요성을 이해하지 못하고, 또 이해한다고 해도 어떻게 인정과 칭찬을 하는지를 잘 모르기 때문에 그냥 쉽게 성과주의를 통해 팀원들의 열정을 향상시키려고 하는 경우가 대부분이다.

내가 상무시절에 울산 공장에 고졸 경력직(생산 부분)으로 입사한 직원이 있었다. 체격도 크고 서글서글하고 능동적인 성격으로 맡은 분야의 업무를 잘했다. 한 달에 2번 정도 생산팀과 회의 겸 방문을 하였다. 하루는 회의실로 그 직원을 불러 차 한잔하면서 맡은 일에 정성을 다 해주어 우리 영업이 편하고 즐겁게 일하고 있다고 칭찬과 격려를 하였다.

나로서는 당연한 일이었다. 그 뒤로 울산 공장 방문 시마다 공장장과 생산 현장을 둘러보면서 그 직원과 그 외 다른 직원들을 여러분이 이 회사의 주인이다라고 칭찬하고 격려하였다. 그들이 강한 주인정신으로 일해준 덕분에 안정적인 생산과 높은 생산 수율을 올렸다고 생각한다. 그 직원은 그 후 내가 미국 본사로 전보되어 근무하는데 한 통의 메일을 보내왔다. 자기 계발을 위한 열정을 이어가면서 야간 대학과 대학원까지 마치고 회사에서 승진도 했다며 나의 인정과 격려가 본인의 인생에 커다란 변환점이 되어 감사하다는 인사를 하였다. 축하한다는 답신을 보내며 나 역시도 큰 보람을 느꼈다.

03 동기유발을 위한 권한 위양(권한부여)

　권한은 한 개인이 조직 내에서 차지하고 있는 위치로 인하여 갖게 되는 공식적인 힘을 말하며, 조직 목표 달성을 위해 자신이 활동하거나 타인에게 명령을 내릴 수 있는 공식적인 권리이다.

참고로 동기부여를 랜돌프(1995)는 '유용한 지식과 내적 동기부여에 대한 파워를 인정해 주고(recognizing), 자율적으로 발휘할 수 있도록 하는 것(releasing)'이라고 했으며, 스페이체르(1995)는 '의미(meaning), 능력(competence), 자기결정감(self-determination), 효과(impact)'라는 4가지 요인을 통해 인지적으로 구체화되는 동기부여의 개념(motivational construct)이라고 정의했다.

즉, 권한부여는 조직 구성원들에게 의사결정 권한을 주는 것이 아니라, 그들이 의사 결정권을 효과적으로 행사할 수 있도록 유용한 지식을 제공하고 내적 동기를 부여시켜 주는 것을 말한다.

이와 같이 매니저의 조직원에 대한 동기부여과 권한부여는 조직의 목표를 달성하는데 있어 매우 중요한 임무라는 것을 잊지 말아야 한다. 이를 효과적으로 실행하기 위한 방법으로는

- 명확한 비전을 조직원이 이해, 숙지해야 하며
- 실패에 대한 비난이 아닌 격려의 문화가 있어야 하며
- 상하 간에 신뢰가 구축되어야 하고
- 결과에 대한 공정한 보상이 있어야 한다

좋은 예로, SAS(Scandinavian Airlines)항공사의 얀 칼존(Jan Carlzon) 사장의 고객지향 권한부여(Impowerment for Customer Driven)를 소개한다.

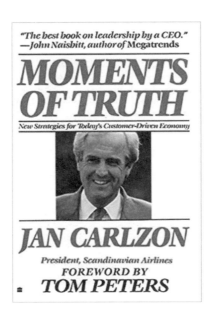

SAS(스칸디나비아 항공)의 경영악화가 지속되자 39세에 사장에 취임한 얀 칼슨이 서비스 혁신을 하면서 MOT를 경영에 도입했다. 그는 MOT를 서비스 사이클에서 고객이 경험하는 연쇄적인 사건이라고 칭했고 고객 만족 경영의 추진력과 분위기를 조성하는 것은 경영자의 몫이고 고객을 상대하여 고객 만족의 고지를 점령할 사람은 고객과 접촉하는 최일선의 현장 직원이라고 말했다.

그래서 현장 직원들에게 SAS의 새로운 비전과 목표, 아울러 서비스와 고객 응대에 관련된 교육을 다시 실시한 후 그들이 고객을 위해 종전처럼 상급자에게 상급자는 다음 상급자에게 일일이 보고하는 대신에 현장 직원이 바로 결정할 수 있는 의사 결정권을 주어 고객의 만족도를 높여 1년 만에 연 800만 달러 적자 회사를 7,100

만 달러 흑자회사로 전환시켰다.

참고로 MOT는 진실의 순간(Moment Of Truth)의 약어로서, 스페인의 투우 용어인 'Moment De La Verdad'를 영어로 번역한 것으로, 스웨덴의 마케팅학자 리차드 노만이 마케팅에 처음으로 도입하였다. 즉, 진실의 순간(MOT)이란 "고객이 기업의 종업원이나 특정의 자원과 접촉하여 서비스 품질에 대한 인상을 받는 순간"을 말한다. 그러나 나는 진실의 순간이라는 직역보다, 고객이 즉각적으로 반응을 보이는 '결정적인 순간'으로 표현하고 싶다.

위의 SAS의 사례에서 보듯이, 조직의 리더는 조직원들이 효과적인 결정을 현장에서 즉시 내릴 수 있도록 업무에 대한 지속적인 교육을 통하여 조직원들을 개발하여야 한다.

04

죽을 것 같은 순간에도 살게 하는 힘

격려. 사전적으로는 "용기나 의욕이 솟아나도록 북돋게 하다." 이다.

'격려(encouragement)'라는 말은 라틴어 '심장(cor)'에서 나왔다고 한다. 문자 그대로 해석하면 '심장을 준다'는 것, 즉 뜨거운 심장을 주듯 마음의 뿌리를 덥혀주는 것이 바로 격려이다. 용기(courage)라는 말도 같은 어원에서 나왔다니 참으로 의미심장하다.

리더는 잘 살펴보아 힘들어하거나, 포기하는 부하 직원에게 진심 어린 격려의 말을 해주어 보라.

"자네는 지금도 잘 하고 있는 거야, 자네는 우리의 희망이야!"

이 따뜻한 한마디가 후에 엄청난 결과들로 나타날 것이다. 죽을 것 같은 순간에도 살게 하는 것, 그것이 바로 격려인 것이다. 이처럼 부하들이나 동료를 감동시키는 '격려의 힘'이야말로 깊은 인간관계의 원동력임을 많이 확인했다.

이 격려의 마력은 혼자만의 세계가 아닌, 더불어 사는 직장에서 아주 중요한 소통의 통로이기 때문이다.

이처럼 격려는 참으로 귀한 힘을 제공한다. 격려가 있으면 외롭지 않다. 격려를 받으면 힘 있게 살아갈 에너지를 얻으며 때로는 인생의 전환점을 맞이하기도 한다. 그래서 리더는 부하 직원을 때에 맞추어 잘 격려해 주어야 한다. 형식적인 격려가 아니라 그 영혼을 사랑하고 그 영혼을 세우고자 하는 진심이 담긴 격려를 해주어야 한다.

한 세기에 한 사람 나올까 말까 한 천부적인 소질을 가진 카루소라는 유명한 성악가가 있다. 어린 시절 너무 가난해서 이탈리아의 한 공장에서 일하면서 음악 수업을 받았다고 한다. 음악으로 대성하겠다는 꿈을 가지고 열심히 수업을 받는데, 한 번은 교수가 테스트를 해보더니 "카루소, 너는 음악으로 대성하긴 틀렸어. 그런 실력으로는 성공할 수 없어. 덧문이 바람에 흔들리는 것처럼 덜덜거리는 소리를 내고 있을 뿐이야"라고 낙인을 찍었다.

그러니 어린 마음에 얼마나 실망이 컸겠는가? 모든 것을 포기하고 크게 실망하고 있는 그에게 어머니가 확신에 찬 음성으로 격려를 해주었다고 한다. "카루소, 실망하지 마라. 나는 너를 믿는다. 선생님이 말씀하신 대로 네 소리가 그렇게 들릴지 모르지만 내가 볼 때 네 실력은 점점 좋아지고 있어. 너는 위대한 성악가가 될 자질을 가지고 있다는 것을 나는 알아. 너를 위해 기도하고 있단다." 이 말을 들은 카루소는 모든 좌절과 실망을 딛고 마침내 세계적인 성악가가 되었다.

죽을 것 같은 순간에도 살게 하는 것, 그것이 바로 격려 아니겠는가? 사랑이 담긴 격려는 이토록 힘이 된다. 한마디의 격려가 듣는 사람에게 얼마나 중요한 영향을 끼치는지 모른다. 그 격려가 미래를 열어 간다.

사실 우리는 늘 격려를 필요로 하는 결핍의 주인이자, 누군가에게 격려를 해줄 수 있는 배려의 친구이다.

윈스턴 처칠 수상은 후배들과 수행원들을 잘 격려해 주는 사람으로 유명하다. 한 번은 국회의원이 된 후배가 국회에서 처음으로 연설을 하게 되었다. 첫 연설이니 얼마나 두렵고 떨렸겠는가? 그래서 말의 갈피를 잡지 못하고 당황해서 어쩔 줄 몰라 했다. 그런 그의 모습을 본 처칠은 그에게 사람을 보내어 쪽지를 건네 주었다.

연설 도중에 이 사람이 받은 메모의 맨 밑에는 이렇게 쓰여 있었다. "너는 해낼 것이다, 처칠." 이 격려로 그는 용기백배하여, 연설을 성공적으로 끝낼 수 있었다. 이처럼 믿음직한 선배의 격려가 좋은 결과를 가져온 것이다.

미국의 가장 힘든 시대를 잘 이끌었던 위대한 대통령, 링컨의 힘은 격려 한 줄이었다. 각종 비난과 협박에 시달리던 그가 암살당했을 때 그의 주머니에서 발견되었다던 낡은 신문 기사 한 조각. "링컨은 모든 시대의 가장 위대한 정치인 중 한 사람이었다"라고 적힌 그 신문 기사를 주머니에 넣고 다니며 그는 그 힘든 고난의 시간을 견디어 냈다.

05	**세일즈 관리와 코칭**

지시하지 말고 관찰하고 질문하라.

세일즈 매니저의 주요 역할은

– 팀의 판매 목표를 수립하고 달성하기 위해 전략 개발 및 실행

– 영업팀을 지도하고 교육시키며

– 효율적인 판매 프로세스를 유지하고 개선

– 또한 고객과의 긴밀한 관계를 유지하고

– 새로운 비즈니스 기회를 찾는다.

위의 세일즈 매니저의 임무에서 보듯이, 세일즈 매니저는 영업팀을 경쟁사보다 더 우수한 영업사원으로 개발시켜야 한다. 아울러 영업사원이 트레이닝을 통해 배운 영업 기술을 잘 활용하고 있는지 지속적으로 확인하고 지도하여야 한다.

예를 들어 고객 상담을 매번 잘 마치고 왔다고 상담 결과를 보고하지만 그런데 시간이 지나도 아무런 결과가 나오지 않는다. 영업사원은 분명 상담을 잘했다고 했는데, 왜 고객은 주문이나 계약을 요청하지 않을까?

영업사원의 상담 과정을 직접 지켜보지 않고는 알 수가 없다. 그러기 위해서 매니저는

- 영업사원이 고객을 방문하기 전에 어떤 방문 목적을 가지고 어떤 방향과 내용으로 상담을 진행할지의 세일즈 전략을 같이 검토하고
- 상담을 마치고 돌아온 영업사원의 고객 방문 보고서(customer call report)를 점검하고 지도하여야 한다.
- 또한 영업사원과 동반하여(joint customer call) 정기적으로 고객을 방문하여 영업사원의 상담 과정을 잘 관찰하여, 고객 방문 후 관찰 내용을 설명해 주며 부족한 부분을 개선시켜 주어야 한다.

결론은, 영업사원이 더 효과적으로 영업할 수 있도록 도와주는 세일즈 매니저의 역할은 단지 영업 교육을 제공하는 것을 넘어서 영업사원과 함께 영업 전략을 수립하고, 고객 상담 후에 영업 지도 및 평가를 하여야 한다.

코칭

코칭(coaching)은 개인의 목표를 성취할 수 있도록 자신감과 의욕을 고취시키고, 실력과 잠재력을 최대한 발휘할 수 있도록 돕는 것이다.

이 코칭이라는 용어는 1830년 영국 옥스퍼드 대학에서 학생들의 시험 통과를 돕는 가정교사 일을 가리키는 말로 사용되다가, 1861년에 이르러 스포츠 분야에서 사용되기 시작했다. 이후 미국의 기업들이 코칭을 도입하게 되면서 코칭 리더십이라는 개념이 본격적으로 등장하게 됐다.

코칭 리더십은 1960년대 후반 허쉬(Hersey P.)와 블랜차드(Blanchard K.)가 처음으로 설명했다. 이후 2002년, 다니엘 골만(Daniel Goleman)

이 6가지 리더십 유형 중 하나로 소개했다. 코칭 리더는 역할과 업무를 명확히 파악하는 반면 부하직원들에게 의견과 실행투입을 요구한다. 여전히 리더가 결정을 하지만 의사소통 방식은 쌍방향이다.

코칭 리더십 유형은 보다 적절하고, 연륜 있고, 수용적인 부하직원에게 가장 효과적이다. 코칭 리더는 부하직원들이 동기부여를 받을 수 있도록 직접적으로 대하며, 격려와 열정을 불어넣어 준다. 리더십은 조직의 구성원들과 가지는 협력적 관계와 개개인의 기술을 발달시키려는 노력을 통해 조직의 발전을 도모한다. 리더십은 책임 소재에 대한 분명한 인식을 가지고 구성원들이 스스로 판단하고 행동할 수 있도록 인정하고 존중해야 한다. 훌륭한 코치가 게임을 잘 알고 있는 것처럼 리더들도 그러해야 한다. 코치들은 게임이 어떻게 진행되고 흘러가는지, 게임에 필요한 요소들은 무엇인지, 어떤 선수들을 어떻게 기용하고 활용할 것인지 판단하는 능력을 가지고 있다.

리더십은 구성원들을 잘 알아야 한다. 그들의 삶이 어떠한지, 그들에게 현재 필요한 것은 무엇인지, 그들에게 어떤 일을 맡겨야 하는지에 대해 잘 알고 있어야 한다. 리더십은 구성원들을 구조하거나 구원해 주는 사람이 아니다. 그들을 위해 일을 대신해 주는 사람도 아니다.

리더십은 그들 각자가 자신에게 부여된 일을 통해 목표를 이루고 좀 더 나은 관계와 삶을 살아갈 수 있도록 함께하는 사람이다.

참고 서적

1) 시 읽는 CEO, 처음 시작하는 이에게 고두현

2) CEO 인문학, 고승철

3) 성공을 부르는 사소한 습관, 요시카와 나미/장운갑 편역

4) 멀리 가려면 함께 가라, 이종선

5) 승자의 공부, 유필화

6) 이젠 이야기로 가르쳐라, 김숙희

7) 카네기 인간관계론, 데일 카네기

8) 세계의 리더들이 논리학을 배우는 이유, 치루루 지음/권소현 옮김

9) 종이 위의 기적(쓰면 이루어진다), 헨리어트 앤 클라우저/안기순 옮김

10) 성공하는 사람들의 7가지 습관, 스티븐 코비/김경섭 옮김

11) 가르시아 장군에게 보내는 편지, 엘버트 하버드/박순규 옮김

12) 경영학 실천 매뉴얼, 이승주

13) Followership (The other side of leadership), John S. McCallum

14) 리더십의 또 다른 얼굴, 팔로워십 심윤섭

15) 답을 내는 조직, 김성호 샘앤파커스

16) 철학은 어떻게 삶의 무기가 되는가, 야마구치 슈/김윤경 옮김

17) B2B Marketing, 장대련

18) Industrial Marketing (cases & concepts), E. Raymond Corey

19) 부처에게서 배우는 경영의 지혜, 유필화

20) 전략 마인드, 이광현

21) 질문 리더십 마이클 J 마쿼트/최요한 옮김

22) The Immutable Laws of Marketing, Al Ries

23) Strategic Market Management, David A AAKER

24) Problem Solving Approach, Ohmae Kenichi

25) 코피티션(Co−Opetition), Barrt J. Nalebuff

26) 스트레스의 재발견, 나카타니 아키히로/이성희 옮김

27) 협상의 한 수, 오명호

28) The Leadership Moment, Michael Useem

29) 성공적인 리더십, 김창원

30) 원칙중심의 리더십, 스티븐 코비

31) How to be a great boss, Gino Wickman

32) 코칭의 정석, 이동운